U0555852

本书获得了上海市"科技创新行动计划"软科学研究项目（22692192500）与上海海事大学法学院学术著作出版资助。

————————————△————————————

徐 峰 著

SHANGHAIDAZAOGUOJIFALÜ
FUWUZHONGXINLUJINGYANJIU

上海打造国际法律服务中心路径研究

中国政法大学出版社

2024 · 北京

图书在版编目（CIP）数据

上海打造国际法律服务中心路径研究 / 徐峰著.

北京 ： 中国政法大学出版社，2024. 12. -- ISBN 978-7-5764-1909-2

Ⅰ. D927.510.4

中国国家版本馆 CIP 数据核字第 2025AC9133 号

出 版 者　　中国政法大学出版社

地　　址　　北京市海淀区西土城路 25 号

邮寄地址　　北京 100088 信箱 8034 分箱　邮编 100088

网　　址　　http://www.cuplpress.com (网络实名：中国政法大学出版社)

电　　话　　010-58908586(编辑部) 58908334(邮购部)

编辑邮箱　　zhengfadch@126.com

承　　印　　固安华明印业有限公司

开　　本　　880mm×1230mm　1/32

印　　张　　6.875

字　　数　　200 千字

版　　次　　2024 年 12 月第 1 版

印　　次　　2024 年 12 月第 1 次印刷

定　　价　　39.00 元

前　言

习近平总书记曾多次强调，要"统筹中华民族伟大复兴战略全局和世界百年未有之大变局""加强涉外法治工作""积极发展涉外法律服务"，这一关键论断是习近平法治思想的重要组成部分。国务院总理李强也曾指出，应"推动法治化营商环境持续改善""营造公正的法治环境""法治是最好的营商环境"。为落实习近平总书记的决策部署与李强总理的讲话精神，早在2018年，上海市司法局等八个委办局就联合印发了《上海市发展涉外法律服务业实施意见》，提出了上海发展涉外法律服务业的主要任务。《法治上海建设规划（2021—2025年）》明确要求，将上海打造成为全球法律服务资源集聚高地、国际商事争议解决高地、法治化营商环境建设高地。2022年，上海市政府颁布的《上海市公共法律服务办法》进一步指出，推动具有国际影响力的法律服务中心建设，通过打造面向全球的亚太仲裁中心，建设浦东新区高能级现代法律服务引领区、虹桥国际中央法务区，服务保障国际经济、金融、贸易、航运、科技创新中心建设。从某种意义上讲，未来上海旨在将"国际法律服务中心"建设为继国际经济中心、金融中心、贸易中心、航运中心与科创中心之后的"第六个中心"。

在党中央的大力支持以及各项地方性法规、政府规章与规范性文件的指引下，上海国际法律服务中心的构建已经初具规模，在诸多制度改革领域取得了重大突破与实质进展。但在部分领域，与新加坡、伦敦等国际知名法律服务中心以及北京、深圳等部分国内城市相比还存在一定的差距。本书运用 SWOT 分析法对于上海打造国际法律服务中心所面临的内外部竞争环境与核心竞争力进行分析，分别围绕涉外律师、仲裁、调解与商事诉讼等相关领域，总结上海国际法律服务中心的构建需要发挥哪些优势（梳理上海发展涉外法律服务既有的现实基础与制度支撑）、存在哪些劣势（与境内外的国际法律服务中心进行比较，并总结问题与不足）、如何抓住机遇（对于当前存在瓶颈问题，对照国际规则与国内政策法规的要求，借鉴境内外发展经验，提出相应的完善之道与对策建议）以及如何控制风险（分析发展涉外法律服务可能存在的法律风险，并就如何规避与降低风险提出解决方案）进行详尽阐述，从而探索具有可行性与实践性的操作方案与建设路径。

在此基础之上，本书构建了上海打造国际法律服务中心的指标体系，主要分解为 1 级、2 级与 3 级指标，围绕具体指标设定短期、中期与长期的阶段性目标，对于上海在发展涉外律师、仲裁、调解与商事诉讼服务中所面临的机遇与风险等主要目标以及重点措施进行提炼，为将来打造上海国际法律服务中心的总体规划与立法草案提供理论支撑与智力支持。

本书是笔者主持的上海市人民政府决策咨询研究政府法治专项《上海打造国际法律服务中心路径研究》（2022-Z-B06）的研究成果，研究报告于 2023 年完稿并提交结项，经专家评审通过，并获得了上海市"科技创新行动计划"软科学研究项目（22692192500）与上海海事大学法学院学术著作出版资助。时至今日，该研究报告的主要内容依然具有较大的现实意义与参照价值。

一方面，考虑到国际法律服务中心的建设是一项系统工程，具有长期性、艰巨性与复杂性等特征，任何一项制度的改革都可能"牵一发而动全身"，"零敲碎打"式制度改革与创新无助于营造国际一流的法治化营商环境。未来国际法律服务中心建设的重点并不在于建造多少栋楼，也不在于提供多么完善的硬件配套，而是构建与营造国际一流的法治化营商环境。具体而言，在上海发展涉外法律服务的现实基础与制度支撑基础上更进一步，对照国际最高标准与最高水平，总结上海打造国际法律服务中心进程中存在的问题，分析如何与国际主流规则接轨，实现制度集成创新与全面突破，规避涉外法律服务风险。通过对上海发展涉外律师、仲裁、调解与商事诉讼业务的现状进行整体梳理，不难发现，研究报告提出的诸多问题尚未在制度层面获得关注，也未能在实践层面加以解决。因此，本书所提供的对策建议有助于为政府机构与实务部门提供决策参考，为上海乃至国内其他省市建设国际法律服务中心的发展模式与改革路径提供必要的指引与思路。

另一方面，目前学术界对于涉外法治建设的研究主要围绕国内法治与国际法治之间的关系而展开，尚未立足于"国际法律服务中心"的战略高度研究其功能定位与实施路径。事实上，上海国际法律服务中心的构建不应仅仅是当前开展涉外法律服务相关行业的简单叠加，而应是城市法律服务功能的深度聚集。通过加强国际法律服务中心的顶层设计，回答"上海为什么要建国际法律服务中心""能否建设国际法律服务中心""如何建设国际法律服务中心"等基本命题，探索上海打造国际法律服务中心的主要路径，从而将其树立为深入贯彻"全面依法治国"重要思想的示范样板与涉外法治建设的"试验田"，最终建设面向全球、辐射亚太以及引领全国的国际法律服务中心。因此，本书的研究旨在为学术界研究涉外法治建设提供全新的研究视野、研究范式与研究基础。

目 录

国际法律服务中心的时代背景、
主要内涵与顶层设计

（一）国际法律服务中心的时代背景

1. 党中央的支持

党的十九届五中全会特别强调："应统筹中华民族伟大复兴战略全局和世界百年未有之大变局。"自 2020 年以来，习近平总书记曾多次提出，要深刻把握"两个大局"之间的内在联系，清醒认识国际国内各种不利因素的长期性、复杂性，妥善做好应对各种困难局面的准备，"最重要还是做好我们自己的事情"。立足于全球经济重心开始逐步"东移"与全球政治格局发生深刻变化的时代背景，党中央充分认识到，发展涉外法律服务业与加强涉外法治建设是应对两大时代变局的重要保障与必经之路。

早在 2016 年，习近平总书记主持召开的中央全面深化改革委员会第二十四次会议审议就通过了《司法部、外交部、商务部、国务院法制办公室关于发展涉外法律服务业的意见》。[1]该

---

〔1〕 参见《四部门关于印发〈关于发展涉外法律服务业的意见〉》，载 http://www.gov.cn/xinwen/2017-01/09/content_ 5158078. htm，最后访问日期：2022 年 10 月 1 日。

意见明确提出："发展涉外法律服务业是建设完备的法律服务体系、推进全面依法治国、促进全方位对外开放的重要举措。"该意见的基本原则包括"坚持统筹兼顾。统筹好国内和国际两个大局,促进涉外法律服务业发展的速度、规模、质量与开放型经济发展相协调,实现涉外法律服务业整体协调发展"。2020年,习近平总书记在中央全面依法治国工作会议上强调:"要加快涉外法治工作战略布局,协调推进国内治理和国际治理,更好维护国家主权、安全、发展利益。"[1]从国家战略的高度,该重要论述是习近平法治思想的重要组成部分,为全面推进依法治国与创造良好的法治营商环境提供了坚实的基础。政治局常委、国务院总理李强也曾多次提及"推动法治化营商环境持续改善""营造公正的法治环境""法治是最好的营商环境,要通过加强法治建设,帮助市场主体稳预期、强信心""营商环境是城市发展的重要软实力,也是核心竞争力"。[2]

因此,未来我国应统筹推进国内法治与涉外法治,在持续推动国内制度与规则统一的基础之上,积极参与国际规则的制定,有效加强涉外领域立法,加速形成系统完备的涉外法律法规体系,尤其是我国法域外适用的法律体系建设,积极构建国际化与法治化营商环境。

2. 上海的探索与实践

为了贯彻落实习近平总书记关于"加强涉外法治工作""积

---

〔1〕 参见《以能动检察更优履职、深入推进涉外法治工作开展》,载 http://www.moj.gov.cn/pub/sfbgw/zwgkztzl/xxxcgcxjpfzsx/fzsxllqy/202206/t20220605_ 456594.html,最后访问日期:2022 年 9 月 15 日。

〔2〕 参见《李强:坚守公平正义全面深化司法体制改革 为优化上海法治环境作贡献》,载 http://cpc.people.com.cn/GB/n1/2018/0410/c64094-29916387.html,最后访问日期:2022 年 9 月 10 日。

极发展涉外法律服务"的决策部署以及李强总理关于"法治是最好的营商环境""推动法治化营商环境持续改善"的重要讲话,上海近年来大力发展涉外法律服务业,有序扩大法律服务对外开放,着力打造国际法律服务中心,在发展涉外法律服务业与构成法治化营商环境等领域取得了诸多成绩与重大突破。2017年,上海市司法局印发《关于建立本市发展涉外法律服务业联席会议制度的方案》。2018年,上海市司法局等八个委办局联合印发了《上海市发展涉外法律服务业实施意见》,从积极服务保障国家重大发展战略、为优化营商环境提供涉外法律服务等十个方面提出了上海发展涉外法律服务业的主要任务。2022年3月生效的《上海市公共法律服务办法》第34条指出:"本市推动具有国际影响力的法律服务中心建设,通过打造面向全球的亚太仲裁中心,建设浦东新区高能级现代法律服务引领区、虹桥国际中央法务区,推进涉外法律服务业发展,不断提升法律服务的能级和水平,服务保障国际经济、金融、贸易、航运、科技创新中心建设。"该办法第35条到第38条分别围绕"亚太仲裁中心建设""浦东新区法律服务引领区建设""虹桥国际中央法务区建设""涉外法律服务能力建设"等具体目标的实现与落地提出了相应的指导性意见。待未来时机成熟之时,该政府规章可能升格为地方性法规。

其中,上海自贸试验区与新片区打造国际法律服务中心的思路具有代表性与典型性,其灵活运用了中央赋予的自主改革权、自主创新权与自主立法权,采用了"先易后难、逐步推进"的改革模式与"渐进式"的立法思路,在涉外律师事务所的设立与经营、知识产权登记的受理与咨询等重点领域率先实现了制度创新与突破。随着浦东新区法规的陆续实施,上海打造国际法律服务中心的政策试点也不再局限于自贸区或新片区，而是适用于浦东新区全域。2021年，《浦东新区法治政府建设"十四五"规划》明确提及："助力具有世界影响力的国际法律服务中心建设。建立同国际投资和贸易通行规则相衔接的公共法律服务体系。搭建涉外法律服务业支撑平台……支持各类法律服务机构开展面向全球的法律服务……大力集聚具有全球服务能力的法律服务机构……推动国际知名仲裁机构、争议解决机构入驻浦东，探索境内外法律服务机构多元化合作模式。"就相关浦东新区法规的具体规定而言，《上海市浦东新区市场主体登记确认制若干规定》提出，应发挥律师事务所、会计师事务所、税务师事务所等专业服务机构和有关行业协会等的共治功能；《上海市浦东新区建立高水平知识产权保护制度若干规定》明确，应建立健全知识产权事务"一站式"保护机制；《浦东新区促进商事调解若干规定》明确，支持知名调解机构提供国际商事调解服务，并在浦东新区依法成立业务机构。预计未来上海市人民代表大会将陆续审议通过更多浦东新区法规以全面支持上海打造国际法律服务中心。

因此，在党中央的大力支持以及各项地方性法规、政府规章与规范性文件的指引下，上海国际法律服务中心的构建已经初具规模，在诸多制度改革领域取得了重大突破与实质进展。但不可否认的是，相比于国际知名法律服务中心以及国内部分城市，上海涉外法律服务业还存在一定的差距；应立足于当前涉外法律服务业的发展现状与现实基础，总结自身的短板与不足，充分抓住与把握国家赋予的各项政策优惠与制度支持，提出相应的解决思路与对策建议，并且探索未来国际法律服务中心建设的新举措、新路径，从而充分发挥现代法律服务业在营造国际化营商环境中的重要作用，有效服务上海卓越全球城市建设。

（二）国际法律服务中心的主要内涵

对上海旨在打造的"国际法律服务中心"主要内涵的解读与理解应分别立足于功能定位与实施路径的视角。

1. 功能定位

从功能定位的视角出发，"国际法律服务中心"不应仅仅是当前上海开展涉外法律服务相关行业的简单叠加，而应是城市法律服务功能的深度聚集。当前，上海司法局的主要职能是推动与开展律师、仲裁、调解、公证、司法鉴定、法律援助与争议解决等公共法律服务体系的建设与公共服务工作的管理。但分析境内外打造国际法律服务中心的历史经验，城市法律服务功能的构建与创新不仅与公共法律服务的完善紧密相关，还与公、检、法等部门的职能优化与功能重塑密不可分，其中主要涉及法院商事诉讼业务的开展。从某种意义上讲，对上海国际法律服务中心的认知与解读不应立足于"狭义"的视角，而应从"广义"的层面进行扩展与延伸。当前，上海市颁布的涉及国际法律服务中心建设的相关规范性文件主要是围绕上海市司法局公共法律服务职能未来定位与发展形态提出相应的指导意见与政策支持，但并未更多地触及上海国际法律服务总体营商环境的改善与整体法治生态的构建。

《法治上海建设规划（2021—2025年）》明确要求："以法治提升城市竞争力、吸引力、影响力，将上海打造成为全球法律服务资源集聚高地、国际商事争议解决高地、法治化营商环境建设高地。"因此，未来上海打造国际法律服务中心的总体目标不应局限于为国际经济、金融、贸易、航运、科技创新中心地建设提供制度保障，还在于通过大力吸引国内外知名律所、仲裁、调解法律服务机构与国际商事法院的入驻，全面提升涉外法律服务的能级，不断优化国际化与法治化营商环境的构成要素，从而助推上海市参与国际市场竞争的广度、深度与力度，争夺国际经贸规则制定的话语权与主导权。从某种程度上讲，未来上海旨在将"国际法律服务中心"建设为继国际经济中心、金融中心、贸易中心、航运中心与科创中心之后的"第六个中心"。

2. 实施路径

立足于实施路径的视角，"国际法律服务中心"的构建不仅涉及涉外法律服务的发展与国际经贸法律规则的完善，还包括国内法律服务的优化与国内法律法规的创新，旨在推动形成统一开放、竞争有序、制度完备、治理完善的高标准市场体系。一般而言，国内法治有广义与狭义之分，国内法治（广义的国内法治）分为国内法治（狭义的国内法治）与涉外法治。国内法治是主权国家处理纯国内事务的法治活动，而涉外法治是我国立法、司法、执法以及法律服务机构立足于我国本身的基本立场，根据我国颁布的涉外法律法规以及我国缔约或参加的国际公约处理涉外实务的法治活动；国内法治与涉外法治是开展全面依法治国建设的两个维度与两个面向，分别是国家法治的"鸟之两翼、车之两轮"，虽属于不同治理范畴与法治体系，但两者相互关联、相互影响、相互交融。[1]因此，从严格意义上

---

[1] 黄惠康：《准确把握"涉外法治"概念内涵统筹推进国内法治和涉外法治》，载《武大国际法评论》2022年第1期。

来讲，涉外法治也属于我国国内法治的组成部分，既是国内法治的延伸，也是沟通国内法治和国际法治的桥梁，联系国内法治和国际法治的纽带，属于国内法治和国际法治的结合部分、交叉部分、重叠部分。[1]

在上述认识论与理论逻辑的基础之上，上海国际法律服务中心的发展路径应致力于打造"国际化"的法律服务中心，推动"引进来，走出去"，不仅需要积极引入国外先进经验与法律制度，还应大胆输出国内的立法实践与制度创新。一方面，将上海打造国际法律服务中心的路径树立为深入贯彻"全面依法治国"重要思想的全国示范样板，充分发挥城市法律服务业态聚焦效应的"试验田"，有效利用中央赋予上海的立法授权与政策优势，在涉外立法层面率先开展先行先试与创新变通。例如，在涉外律师、仲裁、调解与商事诉讼等相关领域对标境内外发展涉外法律服务业的先进经验与行业标准，构建适应开放型经济发展的法律体系，创设具有国际竞争力与市场吸引力的政策法规，充分发挥先行先试的示范效应与引领作用，从而倒逼与推动国内法治的升级与转型。另一方面，将打造上海国际法律服务中心作为联结国内外法律服务中心交流与互鉴的重要纽带，为上海加快建设社会主义现代化国际大都市，尤其是实现开放枢纽门户的重要功能，乃至最终建设面向全球、辐射亚太以及引领全国的国际法律服务中心提供理论支持与制度支撑。

---

〔1〕 参见《黄进：强化涉外司法审判工作，促进涉外法治体系建设》，载 https://cicc. court. gov. cn/html/1/218/149/192/2099. html，最后访问日期：2022 年 9 月 15 日。

（三）国际法律服务中心的顶层设计

上海发展涉外法律服务应加强顶层设计与系统规划，根据现有理论框架与发展需要对国际法律服务中心的打造路径提出完善设想，并针对其物理结构提出对策建议。总体而言，上海探索打造国际法律服务中心的路径主要分为三个维度：第一，全面认识构建国际法律服务中心的必要性与迫切性；第二，逐步推动以政府需求与市场需求为目标导向的协同联动与双向互动；第三，科学定位理论设计与物理构建之间的紧密关联与相互影响。

1. 上海为何要建立国际法律服务中心

就第一个问题而言，其本质就是国际法律服务中心为什么要建的问题。在俄乌冲突、中美贸易摩擦加剧与新冠疫情流行导致国际产业链剧烈收缩乃至脱钩等内外部政治环境与贸易形势相互交织与日益严峻的时代背景下，我国应以更为积极与开放的姿态参与全球治理，坚持深化对外开放，持续推动"一带一路"经济合作与贸易往来。我国涉外法律服务业也应顺势而为，不断扩大涉外法律队伍，逐步提升涉外服务质量，进一步拓宽涉外服务领域。一方面，打造国际法律服务中心有助于我国各类企业在开展国际贸易活动之时合理规避法律风险；尽管我国已经在涉外领域的立法层面取得了较大进展，陆续颁布了《出口管制法》[1]、《不可靠实体清单规定》、《反外国制裁法》等法律法规，加速反制裁、反干涉与反制"长臂管辖"的法律法规体系建设，但我国企业在"走出去"过程中依然可能面临

---

〔1〕《出口管制法》，即《中华人民共和国出口管制法》。为表述方便，本书中涉及我国法律文件直接使用简称，省去"中华人民共和国"字样，全书统一，后不赘述。

诸多法律风险，例如显性的"差别待遇"与隐形的"制度陷阱"；另一方面，打造国际法律服务中心也有利于国内外经贸合作的深入推进，从而引领全国、辐射长三角、面向全球，为国际贸易的顺利开展"保驾护航"。

在理念落实与制度实施过程中，这两方面问题又是紧密关联的。具体而言，考虑到不同国家法律体系差异较大，我国企业在开展国际经贸合作、跨境投资与人员交流之时存在较大的法律风险，在域外法律查明与适用、风险防范与化解、维护国内企业合法利益与保护外国企业的正当权益等诸多领域存在较大的法律需求。以涉外律师业务为例，部分重视合规管理体系建设的企业建立了较为完善的风险防控机制。例如，大型央企合规部门的职能之一就是联系中国涉外律所全权负责对外投资与贸易的法律保障服务，选择与联系境外的合作律所协调与整合境内外法律资源，提供与协助跨国法律事务的处理等。但对于部分中小规模的民营企业而言，往往容易忽视涉外律师业务与合规经营能力建设的重要性，在发生法律纠纷之后，更倾向于聘请东道国当地律师或者向东道国政府法律服务机构求助，受法律差异与语言不通的影响，在缺乏本国涉外律师协助的情况下，不仅可能提高沟通与协调成本，造成管理上的低效率，而且也容易在诉讼中处于被动局面或在法律谈判中陷入僵局。

因此，从人才建设的角度，上海应尽快建立一支通晓国际经贸规则的涉外法律人才团队，包括一大批高素质的涉外律师、仲裁员、调解员与法官，将在我国全面参与全球法律事务与高水平对外开放过程中发挥不可替代的作用，有助于为我国对外开展政治对话、经贸合作与文化交流提供法律支撑，为打击毒品、洗钱与反腐、反恐等跨国犯罪的国际合作提供制度保障，提升我国在国际法律事务中的影响力与话语权，展现负责的大国形象。从制度创新的角度，作为我国的经济、金融、航运与贸易中心，上海理应打造制度开放与规则创新"试验田"，在对接国际高标准经贸规则方面发挥引领作用与示范效应。但相比于北京、深圳在发展涉外法律服务领域开展的政策尝试与制度创新，上海在打造国际法律服务中心方面所采取的举措相对滞后，更遑论与境外部分国家与地区之间存在的差距。关于这一点，笔者将在下文进行系统比较与详尽分析。换而言之，应如何加强构建上海国际法律服务中心以继续发挥辐射长三角、引领全国与面向全球的功能与作用，值得逐步探索与深入研究。

2. 上海能否建设国际法律服务中心

就第二个问题而言，其本质就是国际法律服务中心能不能建的问题。一般而言，对制度可行性的分析都是建立在需求的基础之上。笔者认为，打造国际法律服务中心的现实需求包括了市场需求与政府需求两方面，即国际法律中心建设进程之中可能产生哪些受益群体，可能产生多大的社会效益与经济效应。

一方面，政府部门具有较强的立法需求，上海在推动"五个中心"建设进程中，已经围绕金融、贸易、航运与科创中心陆续颁布了相应的"十四五"规划，并形成了相关的建设条例。一旦上海国际法律服务中心的建设被提上议事日程，同样将陆续出台相应的规划性文件与地方性法规，其中还可能涉及国际法律服务中心与其他五个中心建设相关职能部门之间的对接与协同，以及与国家部委乃至其他省市相关主管机关之间的纵向协调与横向互动。

另一方面，市场主体也迫切需要高质量国际化法律服务，尽管上海对外投资总量与利用外资规模逐年上升,[1]但在涉外法律服务的供给还存在大量缺口。以涉外律师业务为例,2020年,上海律师从事涉外法律服务件数 19 579 件,同比增长 108%,涉外业务领域主要有国际贸易、海事海商、国际金融、国际投资、涉外税务、涉外民事和刑事业务等,但就从业群体的规模与盈利而言,上海共有 230 多家律师事务所从事涉外业务,仅仅占全市律所的 14%;从事涉外法律服务的律师近 3000 人,仅占上海律师总人数 10% 以上;全市律师事务所涉外法律服务年收入约22.67 亿元,仅占律师业务总收入约 7.1%。[2]因此,无论是涉外律师事务所的数量、从事涉外法律服务律师的人数,还是涉外律师事务所的年收入,其在全市律所、律师与业务收入中的占比均偏低,尚存在较大的发展空间与提升潜力。再以涉外仲裁业务为例,当前我国处理涉外仲裁案件的能力相对匮乏,根据 2018—2020 年的统计结果,全国仲裁案件总数约为 142 万件,涉外仲裁案件约 8100 件,占比仅为 0.6%。[3]总体而言,上海国际法律服务中心的建设任重道远。

---

〔1〕 截至 2021 年底,全市实际使用外资累计超过 3000 亿美元,较 2012 年增加了 1680 亿美元;十年间,对外投资备案中方投资额累计超 1700 亿美元。参见 https://baijiahao.baidu.com/s? id = 1746219529536275896&wfr = spider&for = pc,最后访问日期:2022 年 10 月 1 日;2021 年,对外直接投资和对外承包工程规模均位居全国各省市第二。全年共备案非金融类直接投资中方额 196.21 亿美元,增长 29.8%;完成对外承包工程营业额 103.78 亿美元,增长 7.32%。参见《上海企业"走出去"步伐稳健 去年对外直接投资和承包工程规模均居全国第二》,载 https://export.shobserver.com/baijiahao/html/508076.html,最后访问日期:2022 年 10 月 1 日。

〔2〕 刘雪妍:《打造涉外法律服务上海金字招牌》,载《解放日报》2021 年 12 月 14 日。

〔3〕 参见 https://www.163.com/dy/article/HA4KLCB10514R9L4.html,最后访问日期:2022 年 9 月 14 日。

3. 上海如何建设国际法律服务中心

就第三个问题而言，其本质上就是国际法律服务中心如何建的问题。笔者建议，应立足于当前上海涉外法律服务业的发展基础与未来趋势，确立打造上海国际法律服务中心的指导思想、总体目标与具体目标。司法部颁布的《全国公共法律服务体系建设规划（2021—2025 年）》就加强涉外法律服务提出了明确要求："加强涉外法治教育引导。推进对外法治宣传，增进国际社会对我国法律制度的理解、掌握和运用，推进有关外国企业和公民遵守我国法律规定""培育国际一流的法律服务机构和涉外法律人才。开展全国涉外法律服务示范机构创建工作。加快培育国际一流律师事务所，推动中国律师事务所在境外设立分支机构。以国际商事仲裁中心建设为依托，打造一批具有国际影响力的仲裁机构""推进涉外法律服务方式多元化、交流合作机制化。建立健全为符合条件的外国人提供法律援助的相关规定……总结北京、上海等特定区域引入境外仲裁机构试点工作经验……加强与国际商事调解组织的交流合作。推进完善上海合作组织司法部部长会议机制，推动成立上海合作组织法律服务委员会……"[1]

上海应在上述规划纲要的基础之上，结合自身发展实际与法律服务业态基础，颁布相应的总体规划与保障机制。围绕律师、仲裁、调解、商事诉讼等重点领域设定相应的近期、中期与远期目标，分阶段、分步骤，力争在 2025 年之前全面建成法律服务行业全要素体系。待时机成熟之时，将上述规范性文件

---

[1] 参见 http://www.gov.cn/zhengce/zhengceku/2022-01/25/content_ 5670385. htm，最后访问日期：2022 年 10 月 15 日。

与政策性文件转换为立法或者通过"两会"提案的方式提交全国人大进行审议。未来打造上海国际法律服务中心的总体思路还应与时俱进,在适当参照我国部分省市(包括北京、深圳前海与珠海横琴)行业实践以及充分借鉴其他国际法律服务中心(包括我国香港地区、新加坡、伦敦与迪拜等)建设经验的同时,采取"先易后难""循序渐进"的设计方案,持续推动"两翼齐飞"发展规划(浦东高能级现代法律服务引领区与虹桥国际中央法务区),待时机成熟之时,在全市范围内复制推广。就实施路径研究而言,笔者将在下文作出进一步阐述。

(四) 研究方法

1. SWOT 分析法的运用

在研究方法上,笔者主要运用 SWOT 分析法对上海打造国际法律服务中心所面临的内外部竞争环境与核心竞争力进行分析,并提出未来的发展规划与相应的解决路径。所谓的 S(strengths)是优势、W(weaknesses)是劣势、O(opportunities)是机会、T(threats)是威胁。按照企业竞争战略理论,战略应是一个企业"能够做的"(即组织的强势和弱势)和"可能做的"(即环境的机会和威胁)之间的有机组合,该理论同样能够被应用于政府打造国际法律服务中心的路径研究。笔者将针对律师、仲裁、调解与商事诉讼等重点领域展开分析,对于上海打造国际法律中心过程中所面临的优势、弱势、机遇与风险分别作出梳理,反思如何改进与完善相关规范性文件与法律法规存在的缺失与不足,探索如何采取进一步举措推动上海国际法律服务中心的建设。如表 1 所示,分别围绕律师、仲裁、调解与商事诉讼等相关领域,总结上海国际法律服务中心的构建需要发挥哪些优势（梳理上海发展涉外法律服务既有的现实基础与制度支撑），存在哪些劣势（与境内外的国际法律服务中心进行比较，并总结问题与不足），如何抓住机遇（对于当前存在瓶颈问题，对照国际规则与国内政策法规的要求，借鉴境内外发展经验，提出相应的完善之道与对策建议）以及如何控制风险（分析发展涉外法律服务可能存在的法律风险，并就如何规避与降低风险提出解决方案）进行详尽阐述；尽可能在提供理论基础与参照依据的同时，探索具有可行性与实践性的操作方案与建设路径。

表1　上海打造国际法律服务中心 SWOT 分析图

优势：梳理上海发展涉外法律服务既有的现实基础与制度支撑	劣势：与境内外国际法律服务中心的进行比较，并总结问题与不足
机遇：对于当前存在瓶颈问题，对照国际规则与国内政策法规的要求，借鉴境内外发展经验，提出相应的完善之道与对策建议	风险：分析发展涉外法律服务可能存在的法律风险，并就如何规避与降低风险提出解决方案

2. 指标体系的构建

基于对上述 SWOT 分析的研究，笔者将围绕国际法律服务中心实际成效与运作机制构建相应的指标体系，为上海发展涉外法律服务提供路径指引与决策参考。换而言之，国际法律服务中心的构建绝不是凭空或臆测而形成的，应全面建立在可量化与可比较的具体指标与评价体系之上，尤其是与其他国际法律服务中心相比，上海在发展涉外法律服务在哪些领域与哪些指标上的短板与不足主要有哪些？选取此类指标的标准是什么？那么，如何对上述要素作出进一步的提炼与细分，从而设定相应的子指标？分类的依据与标准是什么？如何设定未来上海发展涉外法律服务的总体思路与具体目标？未来应当分几个阶段与多少步骤逐步实现各类指标与各项目标？总之，指标体系的构建与规划方案的形成应在全面纵览上海发展各项涉外法律服务业的优势、劣势，并且透彻分析上海打造国际法律服务中心机遇与风险的基础之上有序推进与逐步落地。

上海发展涉外律师业务的优势、劣势、机遇与风险

笔者主要运用 SWOT 分析法，探索上海应如何通过政策的颁布与法律的实施，充分运用涉外律师业务的优势，全面总结涉外律师业务的劣势，牢牢把握涉外律师业务所面临的战略机遇，有效规避涉外律师业务所面临的法律风险。

（一）上海发展涉外律师业务的优势

上海发展涉外律师业务具有良好的现实基础与制度支撑，尤其是在全面打造涉外律师业务新平台以及加强制度保障与政策扶持等领域取得了长足的进步，此类业务已从过去主要依靠外国律所与律师，发展为中外律所协同合作以及中外律师共同参与的格局。

1. 涉外律师业务的类型与规模

上海市律师涉外业务涉及诉讼、仲裁、调解、行政、刑事和非诉讼业务等。其中，非诉业务占比超过 60%，相关业务领域主要覆盖国际贸易、海事海商、国际金融、国际投资、涉外税务、涉外民事等领域，涉外律师业务的主要客户为从事海外投资并购的中资企业或三资企业中的中方企业。据不完全统计：2019 年，上海设有 150 多家外国律所和港澳律所代表处，允许

外籍律师从事除中国法律事务之外的法律活动，国内律所可以充分利用外国律所代表处的资源与之开展合作。全市从事涉外法律服务业务的律师事务所 233 所，占全市律师事务所总数约 15.3%，其中共有 50 家律师事务所在境外开设分支机构。[1]从境外分支机构的地域分布上分析，这些涉外律所在港澳台设立分支机构数量最多，占 28.4%，北美国家占 20.05%，其他依次为欧洲、亚洲、澳洲、非洲国家，"一带一路"国家占 11%。从涉外业务开展的地域分布占比看，港澳台地区业务量最多，占 28.7%，欧洲地区业务量第二，占 25%，其次为亚洲、北美、澳洲、非洲国家，"一带一路"国家业务占比为 10%。另外有 183 家律所虽然未在境外开设分支机构但有涉外业务。[2]

上海涉外律师队伍呈现出年轻化的特点，专业背景以法学为多数，学历普遍较高，以硕士学历为主。全市从事过涉外法律服务的律师有 2295 人，占全市律师总数约 12.7%。[3]根据 2021 年上海市司法局颁布的《上海司法行政"十四五"时期律师行业发展规划》中的数据：截至 2020 年底，全市共有律师 31 679 人，在国（境）外接受过教育并获得学位的律师 2524 人，占 7.97%。律所走出去步伐明显加速，在境外特别是"一带一路"沿线设立分支机构地从 2015 年的 12 家增至如今的 26 家。此外，上海还有 20 余名律师担任国际仲裁组织的仲裁员或

---

〔1〕 参见《从数据看上海律师行业 40 年的发展（律业资讯）》，载 https://www.sohu.com/a/293706006_120054445，最后访问日期：2022 年 10 月 1 日。

〔2〕 参见《上海涉外法律服务"家底"都在这里》，载 http://gov.eastday.com/renda/tyzt/shsfxz/n32486/n32487/u1ai6176688.html，最后访问日期：2022 年 9 月 15 日。

〔3〕 参见《从数据看上海律师行业 40 年的发展（律业资讯）》，载 https://www.sohu.com/a/293706006_120054445，最后访问日期：2022 年 10 月 1 日。

国际调解组织的调解员。

在 2021 年进博会举办期间，上海司法局在展馆设立了涉外法律服务中心，并牵头组织了包括律师、仲裁员、调解员、公证员与司法鉴定员在内的"进博法律服务支援团"，旨在为参展的境内外企业创建涉及知识产权与国际贸易等涉外法律纠纷的争议解决机制。4 年来，总计为 30 多个国家和地区的展商提供法律咨询 510 次，成功化解处置纠纷上百起，调解成功率 100%。[1]

2. 涉外律师业务的制度保障与政策支持

上海市司法局于 2014 年正式公布《中国（上海）自由贸易试验区中外律师事务所互派律师担任法律顾问的实施办法》，明确自贸区中外律师所，可以协议方式相互派驻律师担任法律顾问，在各自执业范围、权限内，采取分工协作方式开展业务合作，并对担任法律顾问的中外律所与中外律师的准入条件进行了限制，对于互派法律顾问协议与执业守则予以规范。同年，上海市司法局颁布了《中国（上海）自由贸易试验区中外律师事务所联营的实施办法》，提出中外律师事务所可以在自贸区内实行联营，以分工协作方式，向中外客户分别提供涉及中国和外国法律适用的法律服务，或者合作办理跨境和国际法律事务。联营期间，双方的法律地位、名称和财务各自保持独立，各自独立承担民事责任。同时设定了中外律所参与联营试点的准入条件，并对联营协议的内容与履行方式作出了规定。从某种意义上讲，上海在中外律所互派法律顾问与律所联营层面开展的

---

[1] 刘雪妍：《打造涉外法律服务上海金字招牌》，载《解放日报》2021 年 12 月 14 日。

制度探索也是我国履行 RCEP 法律服务业开放具体承诺的集中体现。上述规范性文件在国内省市发挥了引领作用与示范效应。2019 年，海南省司法厅颁布的《海南省中外律师事务所联营实施办法》与《海南省中外律师事务所互派律师担任法律顾问实施办法》基本照搬与借鉴了上海自贸试验区中外律所互派顾问与联营制度改革的经验。

自 2014 年上海自贸试验区启动中外律所联营合作试点以来，已经有 7 所中外联营律师事务所陆续获批在自贸区开展联营业务，分别为美国贝克·麦坚时国际律师事务所与北京市奋迅律师事务所、英国夏礼文律师事务所与上海瀛泰律师事务所、英国霍金路伟国际律师事务所与福建联合信实律师事务所、澳大利亚亚司特律师事务所与北京观韬中茂律师事务所、英国年利达律师事务所与上海昭胜律师事务所、英国史密夫斐尔律师事务所和科伟律师事务所、安理国际律师事务所与上海朗悦律师事务所合作设立的联营办公室。时至今日，中外律所已经在联营合作的领域与方式等环节开展了深入的探索，主要涉及跨境股权投资、"一带一路"基础设施建设、跨境资本市场运作、跨境争议纠纷处理、国际知识产权合作以及国际贸易救济等重点领域。

为了吸引境内外知名律所在自贸区临港新片区设立总部、分所与代表机构，以及在新片区设立联营律所，2020 年，新片区管委会颁布了《中国（上海）自由贸易试验区临港新片区促进法律服务业发展若干政策》，根据相关律所在临港新片区设立总部、分所、代表机构或联营的具体情形，结合该律所的国际知名度与经济贡献，分别予以相应的制度激励，从机构落户奖励、办公用房扶持、人才保障与便利、高端法律服务奖励、其他扶持措施等多个领域加强制度保障，旨在新片区范围内集聚境内外知名律所与高端法律服务人才。

因此，上海充分利用自身在涉外法律服务领域的先天优势，持续推动平台构建与制度保障，在逐步提升涉外律师与涉外律师事务所数量与质量的同时，逐渐加强上海互派律师顾问与中外律所联营改革的深入推进。

（二）上海发展涉外律师业务的劣势

尽管上海在发展涉外律师业务领域已经取得了长足的进步，但相比于国内部分省市，例如北京与广东，在扩大涉外律师与涉外律所的规模，以及吸引境外律师合作等层面依然存在一定的不足与短板。而相比于部分国家与地区，例如新加坡、英国与韩国，在外籍律师准入条件与执业限制等方面同样存在一定的局限与差距。

1. 广东搭建粤港澳律师合作平台的实践及其与上海的比较

深圳前海主要利用地理优势主动对接香港特别行政区与澳门特别行政区，立足于内地与港澳签署的《内地与香港关于建立更紧密经贸关系的安排》《内地与澳门关于建立更紧密经贸关系的安排》，致力于推动彼此之间的涉外法律专业人员资格的互认与专业人才的交流。2021 年，中共中央、国务院颁布的《全面深化前海深港现代服务业合作区改革开放方案》提出，前海合作区要提升法律事务对外开放水平，探索不同法系、跨境法律规则衔接；深化前海合作区内地与港澳律师事务所合伙联营机制改革，支持鼓励外国和港澳律师事务所在前海合作区设立代表机构。围绕中央总体部署与宏观规划，深圳主要在加强境内外律所联营或境外律所设立代表机构以及允许港澳律师取得内地执业资质等相关领域采取了实质性的措施，从而推动上述安排与方案等规范性文件的落地。

就境内外律所联营与境外律所设立代表机构而言，主要分为准入制度与激励机制两部分内容。以准入制度为例，2014 年颁布的《广东省司法厅关于香港特别行政区和澳门特别行政区律师事务所与内地律师事务所在广东省实行合伙联营试行办法》，最新的版本为 2019 年的修订版，鼓励在广东省内开展内地律所与港澳律所的联营合作试点。与 2014 年上海市司法局颁布的《中国（上海）自由贸易试验区中外律师事务所联营的实施办法》相比，两者之间的差异如表 2 所示：

表 2　广东与上海开展境内外律所联营准入条件与政策试点比较

准入条件与政策试点	《广东省司法厅关于香港特别行政区和澳门特别行政区律师事务所与内地律师事务所在广东省实行合伙联营试行办法》	《中国（上海）自由贸易试验区中外律师事务所联营的实施办法》
适用对象	本办法所称合伙联营，是指由一家或者多家香港或者澳门律师事务所与一家内地律师事务所，按照本办法规定和各方协议约定的权利和义务，在广东省内组建合伙型联营律师事务所，以联营律师事务所的名义对外提供法律服务，承担法律责任。联营律师事务所采用特殊普通合伙形式设立	本办法所指联营，是指中国律师事务所与外国律师事务所按照协议约定的权利和义务，在自贸试验区内实行联营，以分工协作方式，向中外客户分别提供涉及中国和外国法律适用的法律服务，或者合作办理跨境和国际法律事务。联营期间，双方的法律地位、名称和财务各自保持独立，各自独立承担民事责任

续表

		中国律师事务所申请参与联营试点，应当具备以下条件：①成立满3年……
内地律所申请联营准入条件	符合下列条件的内地律师事务所，可以申请联营：成立5年以上的合伙律师事务所……	中国律师事务所申请参与联营试点，应当具备以下条件：①成立满3年……
联营期限	各方协议约定的联营期限不得少于3年	协议约定的联营期限，一般不得少于2年
最低出资额与双方出资比例	联营各方的出资额合计不得少于人民币500万元，出资方式由联营各方协商确定。联营的香港、澳门一方为一家律师事务所的，其出资比例不得高于49%；为多家律师事务所的，各方出资比例均应当低于内地律师事务所的出资比例 联营各方出资可实行认缴制，但在申请联营时各方实际出资不得少于认缴额的30%，其余应在联营获准后3年内缴齐	无
律师数量与执业经历	联营律师事务所的律师数量合计不得少于10人。各方派驻律师数量和本所聘用律师数量由联营各方协商确定 联营各方派驻律师的执业经历不得少于3年，且派驻前2年内未受过行政处罚或者行业处分	无

综上，相比于《广东省司法厅关于香港特别行政区和澳门特别行政区律师事务所与内地律师事务所在广东省实行合伙联营试行办法》，上海自贸试验区关于中外律师事务所联营的实施办法相对简单，尚待进一步完善，除了在内地律所申请联营准入条件与联营期限方面较广东的准入门槛更低，并未涉及联营

各方的最低出资额与双方出资比例，也未明确联营律师事务所的律师数量与派驻律师的执业经历。同时，上海自贸试验区联营律所的范围仅限于合同型联营，而粤港澳律所的联营的制度创新已经允许合伙型联营，并且允许以特殊普通合伙的方式开展合作，旨在探索与推动境内外律所开展更为紧密的合作模式，具体内容将在下文"上海发展涉外律师业务的风险"中进一步展开。

以激励机制为例，2022年，《深圳市前海深港现代服务业合作区管理局关于支持前海深港国际法务区高端法律服务业集聚的实施办法（试行）》规定，根据境内外联营律所，以及新设、新迁律所总部或代表机构的国际知名度、营业收入、经营期限、雇佣港澳法律专家的情况以及实际贡献给予相关落户支持、财政激励与物业支持。深圳前海与上海临港新片区吸引境内外知名律所入驻，以及设立联营律所的支持措施与补贴政策的比较如表3所示：

表3　深圳前海与临港新片区吸引律所入驻与设立联营
律所的支持措施比较

支持措施与补贴政策	《深圳市前海深港现代服务业合作区管理局关于支持前海深港国际法务区高端法律服务业集聚的实施办法（试行）》	《中国（上海）自由贸易试验区临港新片区促进法律服务业发展若干政策》
对于设立境内外联营律所的落户支持	近三年登上国际法律评级机构钱伯斯（Chambers and Partners）《钱伯斯法律指南》或《法律500》（The Legal 500）榜单的境外律师事务所	对在临港新片区设立中外或港澳联营律师事务所的，可申请一次性专项奖励100万元

	与境内的全国优秀律师事务所在前海合作区合作设立的粤港澳合伙联营律师事务所、中外联营律师事务所，可以申请一次性 200 万元的落户支持。 境外知名律师事务所与境内律师事务所（非全国优秀律师事务所）在前海合作区合作设立的粤港澳合伙联营律师事务所、中外联营律师事务所，可以申请一次性 150 万元的落户支持。 本条前两款规定以外的其他律师事务所在前海合作区合作设立的粤港澳合伙联营律师事务所、中外联营律师事务所，可以申请一次性 100 万元的落户支持	
对于设立或迁入总部的律所、分所或代表机构的奖励	新设立或新迁入满一年的律师事务所，上一年度营业收入不低于 200 万元的，可以给予一次性 10 万元的落户支持。对新设立或新迁入的律师事务所符合下列条件之一的，按以下标准给予落户支持： ①最近两个年度连续达到年营业收入 3000 万元以上、经营所得 800 万元以	对在临港新片区设立总部的律师事务所，经司法部或中华全国律师协会评定为全国优秀律师事务所，或上一年度入选世界著名法律评级机构榜单的，可申请一次性专项奖励 100 万元。前来临港新片区设立分所或代表机构的，可申请一次性专项奖励 50 万元

	上的律师事务所或全国优秀律师事务所总所，可以给予一次性100万元的落户支持； ②最近两个年度连续达到年营业收入6000万元以上、经营所得1500万元以上的律师事务所，可以给予一次性200万元的落户支持。 境外知名律师事务所在前海合作区设立代表机构的，该代表机构可以申请一次性150万元的落户支持。 前款规定以外的境外律师事务所在前海合作区设立代表机构的，该代表机构可以申请一次性100万元的落户支持	对在临港新片区设立总部的律师事务所，经省级司法行政部门或律师协会评定为省级优秀律师事务所的，可申请一次性专项奖励50万元。前来临港新片区设立分所的，可申请一次性专项奖励20万元
对于作出突出贡献，挽回或获得重大权益，在国内外产生较大影响的奖励	法律服务机构为行政机关、法定机构、企事业单位及境外企业的重大商事谈判、诉讼、仲裁、调解、合规、知识产权保护等涉外法律服务事项作出突出贡献，挽回或获得重大权益，在国内外产生较大影响，且被司法部等国务院相关部门或全国性行业协会向全国表彰推广的，可以给予每个项目一次性20万元高端法律服务支	为临港新片区各级管理机构、企事业单位及海外企业的重大政府/商事谈判、诉讼、仲裁、调解、主导国际行业标准制定并发布、参与国际条约制定或修改等涉外法律服务事项作出突出贡献，挽回或获得重大权益，产生重大国内外影响的法律服务机构，经临港新片区管委会组织外部评议后，

		给予最高 100 万元专项奖励。其中，在最高人民法院、国际仲裁机构、G20 成员国、"一带一路"国家司法机关或仲裁机构取得胜诉裁判，或被司法部等国务院相关部门或全国性行业协会向全国表彰推广的，每个项目一次性给予最高 10 万元的奖励，每个法律服务机构每年度给予最高 50 万元的奖励
	持，每个法律服务机构每年度最高可以给予 40 万元支持	
对于律所雇佣境外法律专业人士的奖励	在前海合作区落户并实际运营的法律服务机构，聘用港澳法律专业人士的，按照截止申报时每一名被聘用并实际开展业务的港澳法律专业人士每年 3 万元的标准，给予机构用人支持；每家机构每年支持不超过 100 万元，支持期限不超过 3 年。聘用并实际开展业务的港澳法律专业人士达到 30 人以上的用人机构，一次性叠加支持 20 万元。律师事务所聘用的港澳法律专业人士，符合下列条件的，可以申请港澳法律专业人士支持……经前海管理局审核，符合前	无

	款条件的港澳法律专业人士按其在内地律师事务所业务收入的30%给予支持，每年最高不超过10万元。同一申请人获得此项支持累计不超过2年	
对于律所为地方经济发展作出贡献的奖励	在前海合作区设立两年以上的律师事务所，上一年度经营所得150万元以上且上一年度经营所得较前一年度增长50万元以上的，可以给予经营所得增量部分的5%的支持金额，支持金额总额每年最高不超过200万元。 上一年度首次纳入深圳市规模以上企业统计数据库的律师事务所，可以给予一次性10万元的支持金额。 对注册地、实际经营地、税收缴纳地均在前海合作区前湾、桂湾、妈湾片区且符合下列情形的律师事务所，可以给予团队贡献支持： ①上一年度经营所得500万以上3亿以下的，可以给予经营团队10万元以上600万元以下的贡献支持； ②上一年度经营所得3亿	对落户临港新片区的法律服务机构，按其上一年度对临港新片区地方经济发展贡献给予一定奖励。对为临港新片区提供实质帮助、重要信息、主导推进具有重大影响力和贡献度的招商引资等项目的法律服务机构，可以按照"一事一议"原则，给予专项奖励

续表

	元以上的，可以给予经营团队 600 万元贡献支持。 团队贡献支持资金由律师事务所发放给被本所聘用的律师经营团队成员，每人每年最高限额 100 万元；分配比例由律师事务所自主决定，申请支持时应当报前海管理局备案。律师事务所应当在获得扶持后 15 个工作日内将资金发放至成员个人	
对于律所推动新片区法律服务业国际化进程的奖励（机构落户奖励与举办活动奖励）	无	落户临港新片区，对临港新片区法律服务业国际化具有特别重大意义的组织或机构，可以按照"一事一议"原则，给予专项奖励。对在临港新片区召开与法治营商环境、国际化法律服务等主题相关的具有国内外重要影响力的会议、论坛或培训的，经临港新片区管委会会同有关行政主管部门事先审核同意，可按照实际支出费用最高 40% 的标准，给予每场活动最高 5 万元、每个法律服务机构每年度最高 20 万元的补贴

对于两地支持措施与补贴政策的差异进行分析,总体而言,深圳前海的支持措施相较于临港新片区的补贴政策更为完善、细致与明确,且优惠力度更大。就设立境内外联营律所的落户支持而言,深圳前海的奖励方案主要根据境内外律所事务所的知名度,分别给予了不同程度的落户支持,主要分为三档(落户支持逐步递减):分别为境外知名律所与全国优秀律所联营(200万元),境外知名律所与非全国优秀律所联营(150万元),以及其他类型的律所联营(100万元)。其中,境外知名律所的认定主要以是否入选《钱伯斯法律指南》或《法律500》为判断标准。相比之下,临港新片区的规定相对简单,为吸引联营律所入驻一律给100万元专项补贴,并未对境内外知名律所开展联营给予更大的落户支持。就设立或迁入总部的律所、分所或代表机构的奖励而言,深圳前海就境内外律所的知名度、营业收入、经营所得。相比之下,临港新片区主要以该律所是否入选全国或省级优秀律师事务所,或上一年度入选世界著名法律评级机构榜单为标准决定是否给予落户支持,但并未考虑其营业收入与经营所得,该补贴政策的适用范围无疑更为狭窄。而且,尚未公开世界著名法律评级机构榜单的范围。就律所雇佣境外法律专业人士的奖励而言,深圳前海根据律所聘用港澳法律专业人士与港澳法律专业人士的业务收入,给予专门奖励,相比之下,临港新片区并未针对律所聘用外籍法律专业人士给予专项奖励。就律所为地方经济发展做出贡献的奖励而言,深圳前海主要依据律所经营期限、经营所得等因素分别给予不同额度的奖励。相比之下,临港新片区的奖励措施具有较大的模糊性,主要依据"一事一议"的原则给予专项奖励,更多地由新片区管委会根据其影响力与贡献度自行决定奖励额度,缺乏可操作性与落地性。当然,相比于深圳前海,临港新片区的激励机制有其自身优势。例如,就做出突出贡献,挽回或获得重大权益,在国内外产生较大影响的奖励而言,其补贴政策的覆盖范围更广、补贴金额更高。对于律所推动新片区法律服务业国际化进程,也给予专门的机构落户奖励与举办活动奖励,而深圳前海缺乏相应的激励机制。

就港澳律师取得内地执业资质而言,2020 年,《全国人民代表大会常务委员会关于授权国务院在粤港澳大湾区内地九市开展香港法律执业者和澳门执业律师取得内地执业资质和从事律师职业试点工作的决定》,授权国务院在广东省广州市、深圳市、珠海市、佛山市、惠州市、东莞市、中山市、江门市、肇庆市开展试点工作,符合条件的香港法律执业者和澳门执业律师通过粤港澳大湾区律师执业考试,取得内地执业资质的,可以从事一定范围内的内地法律事务。同年,国务院办公厅颁布《香港法律执业者和澳门执业律师在粤港澳大湾区内地九市取得内地执业资质和从事律师职业试点办法》,主要适用具有累计 5 年以上律师执业经历的港澳执业律师。取得律师执业证书(粤港澳大湾区)的人员,可以在粤港澳大湾区内地九市内,办理适用内地法律的部分民商事法律事务(含诉讼业务和非诉讼业务)。其中,诉讼案件为位于大湾区内地九市的高级、中级、基层人民法院和有关专门人民法院受理的民商事案件,案件范围参照取得国家统一法律职业资格并获得内地律师执业证书的港澳居民可以在内地人民法院代理的民事案件范围执行;非诉讼业务应当为自然人的户籍地或者经常居所地,法人或者其他组织的住所地或者登记地,标的物,合同履行地,产生、变更或者消灭民商事关系的法律事实在大湾区内地九市内,或者大湾区内地九市内仲裁委员会受理的商事仲裁案件，并明确持有律师执业证书（粤港澳大湾区）人员办理上述法律事务，与内地律师享有相同的权利，履行相同的义务。同时，该办法还限制了取得律师执业证书（粤港澳大湾区）人员的执业范围。例如，可以受聘于粤港澳大湾区内地九市的内地律师事务所或者大湾区内地九市的香港特别行政区、澳门特别行政区与内地合伙联营律师事务所，可以成为大湾区内地九市的内地律师事务所合伙人，但不得受聘于外国律师事务所驻华代表机构或者香港、澳门律师事务所驻内地代表机构，同时接受广东省司法厅及所在地司法行政机关的监督管理。截至 2021 年，已经有 350 名香港律师和 74 名澳门律师通过面试考核之后，获得了粤港澳大湾区九市执业资格。相比之下，上海法律服务市场尚未向境外律师全面开放，仅仅允许其就本国法律的适用发表法律意见，不允许其执业中国法或出庭应诉。虽然《中国（上海）自由贸易试验区中外律师事务所互派律师担任法律顾问的实施办法》和《中国（上海）自由贸易试验区中外律师事务所联营的实施办法》旨在自贸区范围内推动互派律师顾问政策与中外律所联营机制的落地，但依然限制境外律师从事中国法律事务以及参与律所内部管理。

综上，相比于临港新片区，深圳前海允许境内外律所合作联营、设立代表机构，以及粤港澳大湾区吸引港澳律师人才执业而出台的各项政策与举措，以及相关激励机制与财政奖励更具有时效性、开放性与落地性。从实现国家战略的角度，无论是立足于深圳前海与珠海横琴合作区的开发，还是粤港澳大湾区一体化的发展，此种制度创新与政策尝试具有较大的示范效应，旨在吸引内地与香港、澳门律所之间的深度合作，推动粤港澳律师人才的交流协作。从优化营商环境的视角，在境内外企业以及区内外企业之间开展服务贸易与经贸合作之时，受内地、香港与澳门三种司法制度差异性的影响，对于企业而言，可能会产生隐形的"法律壁垒"，即一旦发生跨境司法纠纷，只能分别委托内地、香港与澳门三地的律师适用各自法域的相关规定以应对不同地区的法律诉讼与非诉业务，不仅手续繁琐，而且也增加了企业的营商成本，构成了开展跨境服务贸易的制度障碍。而通过境内外联营、设立代表机构与执业资格承认等多种方式，不仅有利于港澳律师直接参与内地法律事务的处理，为内地涉外法律服务市场创建更多互利共赢的合作机会，而且也有助于降低内地企业的经营成本与法律成本，为有境外法律服务需求的内地企业"走出去"提供便利条件与制度基础。相比之下，上海律师在长三角区域尚未发挥示范引领作用，长三角区域律师业务的联动机制与协作平台更多停留在制度框架宏观设计层面。例如，上海、江苏、浙江、安徽三省一市律师协会曾在 2021 年联合发布《长江三角洲区域律师业一体化发展工作会议纪要》，成立"长三角一体化律师行业联络办公室""长三角律师行业发展研究中心"以及"长三角域外法律查明和跨境法律服务平台"，更多地强调信息共享与资源整合。因此，广东搭建粤港澳律师合作平台的实践也为上海建立辐射长三角的国际法律服务中心提供了借鉴与启示。

2. 北京发展涉外法律服务市场的规模及其与上海的比较

根据 2019 年发布的《北京市涉外法律服务调研报告》，北京涉外律师人才数量和服务处于全国领先地位。司法部发布的《全国千名涉外律师人才名单》显示：来自北京的律师有 170 位，约占总人数的 17.21%，入库人数全国第一；在入选律师人数排名前 10 位的律师事务所中，有 7 家来自北京，数量也位列全国各省市第一。在全国律协成立的"一带一路"跨境律师人才库中，中方律师共计 84 名，其中来自北京的入库律师有 21 位，人数占到所有中方律师的 25%，位列全国各省份第一名。通过对北京规模（人数）排名前 900 家律师事务所进行抽样调查，北京约有 47% 的律师事务所开展了涉外法律服务业务，主要集中在国际贸易/世贸业务、跨境投资和涉外争议解决领域；通过对近 200 个来自不同规模的律师事务所的涉外案例进行分析，涉外法律业务主要集中在并购业务、上市业务和证券业务（债券资本市场）。据不完全统计，目前约有 24 家北京律师事务所在境外设立了分支机构，分支机构覆盖地区占比如下：港澳台 22%、非洲 22%、美洲 17%、大洋洲 13%、亚洲（除港澳台地区）13%、欧洲 11% 及其他地区 2%，超过 50% 的律所只在一个或两个地区设立了分支机构，但也有接近 20% 的律所已在五个地区设立了分支机构。在北京涉外律师执业领域方面，对证券与资本市场、公司并购、国际贸易（世界贸易）、涉外争议解决、私募股权与风险投资、跨境投资及海商海事等七大涉外领域的全国律师人数及北京律师人数进行了统计，除海事海商领域之外，其他各领域北京律师都占据了一半以上，其中在国际贸易（世界贸易）领域中，北京律师人数全国占比高达 91%，在跨境投资领域中的这一数字高达 87%。[1]

　　综上，在涉外法律服务市场的各项数据指标中，除了在境外设立分支机构的律所数量上，上海（50 家）高于北京（24

---

〔1〕 参见《〈北京市涉外法律服务调研报告〉：现状和未来规划》，载 https://www.sohu.com/a/308159407_610982，最后访问日期：2022 年 10 月 15 日。

家）；就其他指标而言，上海均落后于北京，例如，在入选司法部《全国千名涉外律师人才名单》与全国律协成立的"一带一路"跨境律师人才库的律师数量上，上海涉外律师人才偏少，再具体到一些细分领域，除了海商海事领域之外，上海在证券与资本市场、公司并购、国际贸易（世界贸易）、涉外争议解决、私募股权与风险投资、跨境投资等方面的涉外律师人数与北京均存在较大的差距（具体数据将在"积极培养本土涉外律师"一节中列出）。在全市从事涉外法律服务业务的律师事务所在全市律所数量的占比上，根据2019年的数据，上海（15.3%）也大幅落后于北京（47%）。

参照国际权威法律评级机构钱伯斯发布的《钱伯斯大中华区2022指南》，并经笔者整理，我国大陆地区在航空金融、银行与金融、资本市场、竞争、建筑、公司调查、数据保护与隐私、争议解决、劳动、能源与自然资源、环境、医疗、保险与知识产权等各个专业领域上榜的律所与机构如表4所示。[1]其中，上海本地上榜律所与专业机构已用粗体标出。

表4　入选《钱伯斯大中华区2022指南》律所一览表

执业领域	律所
航空金融	第一级别：方达、汉坤、金杜；第二级别：大成；第三级别：瑞柏、君合
银行与金融	第一级别：方达、环球、金杜；第二级别：德恒、竞天公诚、中伦、通力；第三级别：锦天城、大成、奋迅

---

〔1〕　参见 https://chambers.com/legal-guide/greater-china-region-116，最后访问日期：2022年10月1日。

执业领域	律所
资本市场（国内发行）	第一级别：国枫、国浩、金杜、中伦；第二级别：德恒、环球、嘉源、天元、康达、君合；第三级别：锦天城、方达、海问、竞天公诚、通力；第四级别：观韬中茂、澄明则正等律师事务所
资本市场（资产证券化与衍生产品）	第一级别：金杜、中伦、奋迅；第二级别：锦天城、大成、方达、环球；第三级别：君泽君、融孚；第四级别：中银律所与昭胜年利达联营办公室
竞争（反垄断）	第一级别：方达、金杜、天地和、中伦；第二级别：安杰、汉坤、天元、君合、尚伦；第三级别：德恒、大成；第四级别：达辉、环球、京都、立方、昭胜年利达联营办公室、达晓、高朋律师事务所
建筑	第一级别：建纬、中伦；第二级别：大成、方达、建领城达；第三级别：德恒；第四级别：采安、万商天勤、邦信阳中建中汇
公司调查（反腐败领域）	第一级别：方达、金杜、元达；第二级别：环球、中伦等律所
公司（并购）	第一级别：方达、金杜、中伦、君合；第二级别：锦天城、环球、海问、汉坤、竞天公诚、通力、天元；第三级别：通商、达辉、德恒、大成、国浩、金诚同达；第四级别：观韬中茂、汇业、嘉源、昭胜年利达联营办公室
数据保护与隐私	达辉、金杜、权亚、中伦律所
争议解决	第一级别：方达、汇仲、金杜、中伦；第二级别：通商、环球、竞天公诚、天同、康达、君合；第三级别：锦天城、金诚同达、通力、天元、奋迅；第四级别：安杰、德恒、大成、观韬中茂、虹桥正瀚；第五级别：达辉、天达共和、汉坤、京都；第六级别：博和汉商

执业领域	律所
劳动	第一级别：金杜、中伦、保华、君合；第二级别：德恒、蓝白、江三角；第三级别：安杰、方达、金诚同达、劳维；第四级别：权亚、易和、胜伦；第五级别：大成、环球、固法、泰和泰
能源与自然资源	第一级别：金杜、中伦、君合、阳光时代；第二级别：国浩、金诚同达；第三级别：达辉、大成；第四级别：观韬中茂、竞天公诚、中吕
环境	第一级别：金杜、金诺；第二级别：观韬中茂、中伦、阳光时代
医疗保健	第一级别：环球；第二级别：方达、汉坤、金杜；第三级别：泰和泰、天元、中伦、中伦文德
保险	第一级别：安杰、金杜；第二级别：金诚同达、天元、敬海、瀛泰、君合；第三级别：德恒、方达
知识产权（诉讼领域）	第一级别：方达、金杜、中伦；第二级别：金诚同达、联德、立方、万慧达知识产权；第三级别：铸成、环球、华诚、协力、君合、柳沈；第四级别：锦天城、汉坤、集佳；第五级别：大成、浩天、京都、北京天驰君泰、罗杰、隆安、永新专利商标代理有限公司、北京正见永申；第六级别：安杰、融力天闻、达晓、高文
知识产权（非诉讼领域）	第一级别：中国贸促会专利商标事务所、金杜律师事务所、中国专利代理有限公司、柳沈律师事务所；第二级别：铸成律师事务所、康信知识产权代理有限公司、万慧达知识产权、中咨律师事务所、永新专利商标代理有限公司、集佳律师事务所；第三级别：北京三友知识产权代理有限公司、中原信达知识产权代理有限责任公司、上海专利商标事务所有限公司

执业领域	律所
国际贸易（WTO上诉人）	第一级别：博恒；第二级别：天路
国际贸易（WTO被告人）	第一级别：锦天城、金诚同达、中伦；第二级别：浩天、金杜；第三级别：天达共和、君泽君、高朋、君合、瑞银；第四级别：大成、环球、广盛、中银
国际贸易（关税、出口管制、经济制裁领域）	第一级别：大成、环球、金杜；第二级别：中伦、君合
投资基金	第一级别：方达、中伦；第二级别：环球、汉坤、竞天公诚、金杜、君合；第三级别：国浩、通力；第四级别：锦天城
媒体与娱乐	第一级别：浩天、金诚同达；第二级别：北京天驰君泰；第三级别：安理、权亚
私人客户/财富管理	中伦
私募股权和风险投资	第一级别：方达、汉坤、金杜、中伦；第二级别：环球、海问、世辉；第三级别：竞天公诚、植德、瀚一、君合；第四级别：安杰、达辉、达辉、通力、百宸、天元
项目与基建	第一级别：金杜、中伦、君合；第二级别：环球、观韬中茂、阳光时代；第三级别：建纬
房地产	第一级别：中伦；第二级别：建纬、方达、金杜、君合；第三级别：大成、观韬中茂、中伦文德；第四级别：锦天城、汉坤、天元、邦信阳中建中汇
破产重组	第一级别：方达、金杜、中伦；第二级别：大成、北京炜衡、京衡律师集团；第三级别：德恒、君合；第四级别：天同、海勤

续表

执业领域	律所
航运（中国东部）	第一级别：四维乐马、瀛泰；第二级别：敬海；第三级别：安杰、中伦、汇盛；第四级别：锦天城、盈科、辽宁斐然
税务	第一级别：金杜、中伦；第二级别：华税、君合；第三级别：明税
技术、媒体与电信	第一级别：方达、汉坤、中伦；第二级别：达辉、权亚、君合；第三级别：环球、竞天公诚、金杜、通力；第四级别：锦天城、大成、世辉

经总结，在《钱伯斯大中华区 2022 指南》中，几乎在所有行业中，北京律所都对上海律所呈压倒性优势，上海律所在各个细分领域都处于弱势地位，除了方达、通力、锦天城、澄明则正、昭胜年利达联营办公室，建纬、建领城达、汇业、虹桥正瀚、博和汉商、保华、蓝白、江三角、瀛泰、华诚、融力天闻、邦信阳中建中汇、上海专利商标事务所有限公司等上海本地律所或专业机构之外，其他处于领先地位的律所总部基本都设立在北京。总体而言，在该指南中，无论是上海律所出现的频次还是所处的级别，除了极个别细分领域（如建筑、航运），均大幅落后于北京。并且，业内传闻的八大红圈事务所，除了方达之外，其余七家都在北京，这显然与上海营造国际一流的法治化营商环境的总体目标不相适应，也无法满足上海日益增长的涉外法律服务需要。而根据《法律 500》颁布的《2022 年度亚太地区中国法域推荐律师》评选名单，入选律所的数量以及等级与《钱伯斯大中华区 2022 指南》类似，受篇幅所限，在此不作赘述。

从整体上分析，无论是涉外律师业务总量还是涉外律所与涉外律师数量，涉外法律业务在我国律师业务中的占比较低，上海与北京如此，其他省市更低。这与我国当前涉外律师人才培养机制所面临瓶颈问题密切相关，受教育背景限制与法律体系差异等因素的影响，我国律师无法主动融入以英美法为主导的国际贸易规则的制定与修改进程，在国际法律服务市场中的参与度以及影响力相对有限。缺乏通晓国际经贸事务、规则与惯例的高素质律师人才不仅与我国全面参与全球一体化治理的总体目标不相适应，也将严重影响我国企业在国际贸易与投资领域的市场竞争力与影响力。当前，无论是宝武钢铁、中石油、中石化、中远海运等央企，还是华为、腾讯、平安等民营企业，每年涉及的涉外法律纠纷数量与涉外业务总量极大，但主要被欧美律所垄断，我国大多数律师事务所，尤其是中小型律所无法组建完成的涉外律师团队，承接高端涉外法律服务。

3. 新加坡与英国对外国律师准入与执业的管理及其与上海的比较

作为公认的国际法律服务中心，新加坡与英国对于外国律师准入的管理经验值得上海借鉴。

以新加坡为例，该国允许外国人通过考试获取执业资格，但对外国律师的执业范围进行了适当限制。一般而言，成为新加坡执业律师的方式主要有两种：一种是正式新加坡执业律师，另一种是通过外国律师考试之后从事新加坡商事法律服务的工作。如果要成为正式执业律师，外国人在参加律师资格考试之前，应在指定的高校名单中取得相应的学位，其中包括了新加坡、英国、美国、澳大利亚与新西兰的部分高校，在达到了一定的毕业标准之后才能取得考试资格；即使通过考试，对于毕业于海外高校法学院的律师而言，只有在获得了新加坡公民永久身份之后才能申请执业。对于拥有外国执业资格的律师而言，更为便捷的路径就是被新加坡有资质的律所雇佣之后，向新加坡律政部申请注册外国律师，即可从事相关外国法领域的工作。但其法律执业范围受到明显的限制，只能协同新加坡律师发表适用外国法的相关法律意见或者提供跨境法律服务。如果需要从事新加坡法律的律师服务，就应参加外国律师执业考试（FPE）考试，前提条件是最近 5 年之中至少有 3 年在新加坡的从业经历，但即使通过了 FPE 考试，外国律师的执业资格也只能被限制在部分新加坡法律的执业领域，例如银行法、金融法、并购法与知识产权法等商事非诉业务，依然不得参与新加坡出庭诉讼业务。当然，该执业资格也与新加坡注册外国律师的身份紧密关联，如果将来离开了新加坡，不再被新加坡律师事务所雇佣，也就失去了新加坡注册外国律师的身份，丧失了新加坡法律非诉业务的执业资格。

再以英国为例，外国律师若在英国执业，除了参加英国事务律师考试（SQE）之外，只能通过以下四种方式：被英国事务律师雇佣作为助理或顾问、被英国公司或其他组织雇佣作为内部法律顾问、以注册外国律师名义和英国事务律师合伙、以注册外国律师名义开办律师事务所。一般而言，注册外国律师是参与执业的最主要途径，在程序上，外国律师必须依据 1990 年《法院和法律服务法》和 2009 年《事务律师管理局实施条例》的规定，向事务律师管理局申请。在执业范围层面，如果外国律师受雇于英国和威尔士的事务律师，则不能从事专门向英国事务律师与出庭律师保留的法律服务领域，例如参与案件庭审、起草提交至法院的文件，参与土地与继承业务、金融投资业务以及移民法律服务。如果外国律师或律师事务所雇佣英国事务律师，其执业范围依然受到一定的限制，仅限于从事法律咨询、代理等法律服务，而该事务律师本身的执业范围也受到诸多限制。例如，不得再从事向英格兰和威尔士事务律师保留的专属业务，包括参与案件审理、提供移民法律咨询等。事务律师应确保购买足额的执业责任保险，在与客户沟通过程中，应以书面方式告知客户，其所在的律师事务所系外国律师事务所，不受事务律师管理局保险计划的保护，在使用印有"事务律师"头衔的名片或信笺时，需标明其所在的律师事务所并非事务律师管理局注册的本土事务律师事务所。若外国律师和英国事务律师分享办公场所和设施，双方可以共同制作宣传册、名牌、名片、信笺等文件资料，但该注册外国律师不得声称自己是事务律师事务所合伙人，也不得声称或误导客户认为自己是英格兰和威尔士事务律师。除此以外，双方可以通过协议约定其他形式的业务合作，包括介绍客户、分享律师费等，且均须遵守事务律师管理局的管理手册和外国律师母国执业规范的规定。

综合新加坡与英国关于外国律师准入的法律制度，不难发现，上述国家主要遵循一种"宽严相济"的监管模式。就宽松的一方面而言，外国律师只要被当地律所雇佣，且在当地司法机关注册登记，即能执业外国法，就外国法的适用发表法律意见。同时，上述国家还允许外国律师参加海外律师执业考试，在通过考试且向当地律协提出申请之后，从事当地法律的服务工作。当然，无论是新加坡 FPE 还是英国 SQE 都对外国律师的执业年限提出了一定的要求。就严厉的一方面而言，上述国家或地区对于本地律师依然采取了一定的保护措施，即外国律师即使通过了海外律师执业考试，也只能在特定范围或领域内开展执业活动。例如，新加坡将注册外国律师的执业范围限制在部分商事非诉领域，不允许其出庭应诉；外国律师在英国从事法律服务的局限性更多，不仅在执业范围层面，不得从事案件庭审等部分专门保留给英格兰与威尔士律师的业务，只能参与法律咨询与代理等业务，并且外国律所的经营管理架构、外国律师的业务宣传推广、业务合作方式与日常职业操守均受到了严格限制。相比之下，上海法律服务市场尚未向外国律师开放，考虑到律师制度是司法制度的重要组成部分，关乎我国的司法主权，因此除了开展邀请外国律师担任法律顾问、境内外律所互派法律顾问试点以及境内外律所联营合作之外，还不允许外国律师执业中国法，外国律师不得就我国法律的适用发表法律意见以及出庭应诉。

4. 韩国对外国律师准入与执业的管理及其与上海的比较

属于大陆法系国家的韩国，对于外国律师的管理经验同样值得借鉴。韩国律师市场从封闭至今，经历了较为漫长与曲折的演进过程。根据韩国与美国、欧盟等签署的自由贸易协定，韩国承诺分三个阶段开放法律服务市场。第一阶段从 2009 年开始，允许外国律师经注册成为外国法律顾问，允许外国律师事务所在韩国设立办公室；第二阶段从 2011 年开始，允许外国律师事务所和韩国律师事务所合作，分享律师费收入；第三阶段从 2016 年开始，允许外国律师事务所和韩国律师事务所合资成立合作律师事务所。目前，韩国法律服务市场的开放已进入第三个阶段。

2009 年，根据 FTA 的要求，韩国颁布了《外国法律顾问法》，这也是外国律师在韩国执业的基本法。该法的主要内容为：①建立外国法律顾问制度，允许外国律师事务所在韩国内设立办公室，允许外国律师以外国法律顾问身份在韩国从事外国法律相关咨询业务，但仅限于与韩国缔结自由贸易协定国家的律师事务所和律师。②规定外国法律顾问业务范围，明确外国法律顾问的业务范围仅限于有关"原资格国的法律及原资格国缔结的条约、普遍承认的国际习惯法"的咨询及适用"原资格国的法律"的国际仲裁案件的代理业务等。外国律师不得从事诉讼代理、继承、不动产买卖、行政审批等韩国国内法律事务。③明确外国法律顾问的资格认证和登记事项。明确外国律师要想在韩国从事业务活动应首先取得法务部长官的资格认证并在大韩辩护士协会进行登记，前提是申请认证者应具有在本国从事3年以上法律事务的经历。④规范外国律师和外国律师事务所的名称。要求将"外国律师"的名称改为"外国法律顾问"。"外国法律顾问"可以附注原资格国家名称和律师字样。⑤设定外国法律顾问的义务。规定外国法律顾问1年内在韩国时间应不少于180日以上，不得泄露与业务有关的秘密等规定。⑥规定合资律师事务所的设立及限制，允许外国律师事务所和韩国律师事务所在韩国设立合资律事务所，同时要求合资双方须为国内外律师事务所的总所，合资律所中的外国律师合伙人人数不得超高韩国律师合伙人，合资外方所持的股份和表决权不得超过49%，合资律师事务所不得处理诉讼、行政审批、继承等韩国国内法律业务，合资律师事务所需为律所购买不少于200万美元的执业保险，为每位律师购买不少于10万美元的执业保险。

而韩国法务部作为行政机关，主要负责外国律师和律师事务所的准入、变更和注销登记，韩国全国性律师协会"大韩辩护士协会"负责外国律师和律师事务所的管理责任。大韩辩护士协会采取的管理措施主要包括：①强制执行会员登记制度；②经登记的会员方可以其本人名义提供法律服务，除代理国际仲裁案件外，未登记律师不可以其本人名义提供法律服务，只能以助手身份帮助韩国律师或登记为会员的外国法律顾问处理业务；③会员需遵守律师执业道德规范。外国法律顾问必须遵守大韩辩护士协会制定的执业道德规范，包括《外国法律顾问道德准则》《外国法律顾问登记条例》《外国法律顾问处分规则》《外国法律顾问广告规则》《外国法律顾问合作处理法律事务规则》《外国法律顾问登记细则》等，大韩辩护士协会还成立了外国法律顾问惩戒委员会，对外国法律顾问的违规行为进行惩戒。

总结韩国对于外国律师准入与执业监管的演进历史，不难发现，韩国主要是分阶段、分步骤"循序渐进"地开放本国法律服务市场，从允许境外律所设立办公室，到境内外律所合作分享收入，最终发展至允许境内外律所合资成立律师事务所。并对合资律所资质、合伙律师人数、控股比、执业范围与执业保险作出了明确规定。韩国还专门颁布了《外国律师顾问法》，设定了外国律师顾问的执业范围（只能从事咨询与代理等部分国际业务，不能开展国内法律业务）、资格认证和登记事项、执业条件（包括执业年限），同时厘清了外国律师宣传推广的边界及其应遵循的各项义务。韩国司法部门与行业协会对于外国律师监管也作出了明确分工。

相比之下，上海对于外国律师担任法律顾问与中外律所开展合作的政策试点与制度探索依然停留在韩国开放法律服务市场的第一阶段，且关于自贸区互派法律顾问的规定也较为简单，并未构建完整的涉及外国法律顾问的制度体系，也未能明确外国律师顾问的业务范围、资格认证与登记事项以及相关权利义务；律协也未能围绕外国法律顾问的执业道德规范、登记、处分与广告等行为作出特别规定。另外，相比于韩国允许外国律所与本国律所成立合资律所的做法，上海允许中外律所开展合作的方式仅限于组织形式相对松散的合同联营，尚未涉及合作方式相对紧密的合伙联营的方式，从本质上讲，中外律所的合作依然停留在"搭伙做饭"的初级阶段，各自财务与业务依然相互独立，并以统一的名义对外承揽业务，各自独立对外承担相应的法律责任，也没有涉及内部管理与收入分成等相关合作事项。

（三）上海发展涉外律师业务的机遇

2014 年，党的第十八届中央委员会第四次全体会议通过了《中共中央关于全面推进依法治国若干重大问题的决定》，明确将加强法律服务队伍纳入全面依法治国工作的全局，提出发展律师、公证等法律服务业，统筹城乡、区域法律服务资源，发展涉外法律服务业。

为了落实该决定的重要精神与指示，2021 年，上海市司法局颁布的《上海司法行政"十四五"时期律师行业发展规划》与《上海律师人才队伍建设三年行动纲要（2020—2022）》相继发布，提炼两大规范性文件中的共性之处，不难发现，发展上海涉外法律服务业的主要目标与具体路径主要集中在：扩大涉外律师的数量与规模，提升上海涉外律师服务的国际影响力与知名度，打造上海涉外律师服务品牌与提升涉外法律服务能级，以及探索境内外律所合作的机制与方式等相关内容。

1. 扩大涉外律师的数量与规模

《上海司法行政"十四五"时期律师行业发展规划》提出

了未来上海涉外律师业务的发展目标，加强涉外律师人才培养和引进，积极培育国际一流的律师事务所。到 2025 年，上海涉外律师人数达到 7000 人左右，上海律所在境外设立分支机构达到 50 家。提升上海律师在世界主要律师组织的话语权和影响力，推动在国际律师组织及各类国际组织中任职履职的本市律师人数显著提升，培养一批通晓国际法律规则、善于处理涉外法律事务的涉外律师，助力国家和上海更高水平开放。

《上海律师人才队伍建设三年行动纲要（2020—2022）》同样提出了"队伍结构合理"与"高端人才聚集"的要求，即到2022 年，本市律师达到 32 000 人左右，保持在全国前列，每万人拥有律师达到 12 名；本市涉外律师人才达到 5000 名左右，其中至少具有 200 名全国范围内具有领军作用的律师人才，具体分布在刑事辩护，金融、证券、财税和公司业务，境外投融资、反倾销、反垄断等涉外业务，知识产权、高新技术、环境资源、建筑工程等领域。"多渠道多层次吸纳人才"，即进一步打破地域、身份、学历、人事关系等制约，鼓励和支持在企事业单位、仲裁机构、国际组织中从事法律事务的高层次人才加入本市律师人才队伍。"引进特定领域法律服务人才"，即充分利用驻海外各类机构、社会组织的网络优势，加大本市对熟悉国际经济合作、国际贸易、跨境投资、国际金融和资本市场、涉外能源和基础设施、涉外海商海事、打击跨国犯罪与追逃追赃、涉外民商事诉讼与仲裁、涉外能源与基础设施、涉外知识产权及信息安全领域和管辖权、豁免权、海洋法、国际刑法等公法领域的海外高层次法律服务人才的引进力度。

因此，上海司法局与律协颁布的规范性文件旨在从积极培育与大力引进两方面着手，扩大涉外律师的数量与规模。

（1）积极培育本土涉外律师。就涉外律师的积极培育而言，应考虑逐步加强涉外律师人才培养的课程体系建设。上海司法局和律师协会应依托境内外高校与科研院所，建立涉外律师人才教育培养基地与培训基金，初步构建涉外律师专业教育与高端法律培训的梯次培养方案与进阶培养计划。早在 2019 年，上海律协就发布了"领航计划"，开设"跨境并购"与"跨境争议解决"两个主题班，培训涉外律师 50 名；2020 年起，上海律协计划支持律师赴国外进行涉外业务短期培训，每年选拔 20 名至 40 名律师，到 2022 年底预计完成培训 60 人至 120 人。但需要注意的是，上海律协发展涉外律师的目标为，"到 2020 年底，本市涉外律师人才达到 5000 名左右"，而上海司法局发展涉外律师的目标为，"到 2025 年，上海涉外律师人数达到 7000 人左右"。因此，律协每年仅仅培养数十名律师参加境内外短期培训或高级研修的总体规划显然不足以实现上海涉外律师规模在短短数年内提升几千名的效果。为实现这一目标，切实可行的解决方案与实现路径就是在涉外律师基础教育、市场化办学以及律师领军型人才等领域构建涉外律师培养的长效机制。

第一，上海涉外律师人才的培养应当积极对接高校律师专业的基础教育课程体系。当前司法部已在全国 15 所高校启动法律硕士专业（涉外律师）研究生培养项目，上海入围高校的名单包括了复旦大学、华东政法大学与上海政法学院三所。以 2021 年招生计划安排为例，复旦大学 30 人、华东政法大学 30 人、上海政法学院 30 人。但问题在于，将来高校毕业生群体中从事涉外律师工作的并非仅限于法律硕士，还可能包括大量的法学硕士，尤其是国际法专业的研究生，且入围上海高校的数量与招生人数均相对有限。因此，司法部出台此项涉外律师专业研究生培养项目的受益范围相对狭窄，尚无法完全满足大量高校研究生迫切从事涉外律师服务的现实需要以及我国企业"引进来"与"走出去"过程中亟须大量涉外律师服务的市场需求。

2012 年，《上海市教育委员会关于公布"上海卓越法律人才培养基地"名单的通知》，将华东政法大学、上海交通大学、复旦大学、上海财经大学与上海海事大学等 9 所高校列为涉外卓越法律人才培养基地，建设周期为 2012 年到 2016 年。上海各大高校法学院也纷纷在本科教育阶段设立了法律卓越人才培养班，从国际化课程设置和建设、国际交流和合作、学生境外学习或实习、实践教学基地建设等方面推进涉外人才培养方案的制定和实践教学的开展。但值得注意的是，上海市教委对于涉外法律人才培养的资助计划至今尚未更新，不再开展新一轮的成果评比与资金投入，且不少高校法学院开设的法律卓越人才培养班的人数有限，设置的课程也较为庞杂，与普通法学班级课程的区分度不大，仅仅对于部分课程教学开展分班讲授。

对此，笔者建议，应当在高校本科阶段就开设法律职业教育课程，尤其是构建专业律师教学系列课程体系，列为限定选修课，乃至必修课，将涉外律师课程作为通识教育体系的重要组成部分；在研究生阶段持续加大对涉外律师专业的培养力度，可以考虑引导上海各高校法学院在充分利用原有法学硕士与法律硕士的教育资源，增设"涉外律师"研究方向，吸引更多学生以"涉外律师"为主题参与相关课题研究与论文撰写。

第二，上海涉外律师的培养应当积极利用市场机制发挥竞争效应。考虑到政府机构的经费预算与人力资源相对有限，完全由司法部、教育部或者市教委对于涉外律师开展"大包大揽"

式的干预不仅不合时宜，并且培养的效果也难以预料。因此，从理念上看，涉外律师人才的培育不仅仅依靠政府部门的扶持与推动，而更应将涉外人才培养视作一个充满潜力与商机的教育市场，在充分考虑市场发展与市场需求的基础之上，通过开放办学给予市场主体充分的自由度与一定的宽容度。

笔者建议，充分调动法律市场的资源与要素，推动涉外法律职业培训与认证体系的建立。例如，上海司法局在征集高校、律所、法院、仲裁机构等法律服务机构的基础之上，对于现有的涉外法律服务市场进行系统调研，对于涉外律师执业的发展趋势与行业动态进行研判；立足于我国当前法律职业教育发展背景，考虑与市教委联合制定涉外律师课程认证标准，引导公办或民办法律培训机构建立标准化的涉外律师培养体系，牵头举行专门的涉外律师执业认证考试。对于完成培训课程并且通过认证考试的律师，颁发涉外律师人才的相应资格证书，政府机关考虑优先将其列入涉外法律人才库、相关国际组织优先推荐任职人选或者聘任其为政府法律顾问等。

根据相关统计，当前，上海能办理"双反双保"（反倾销、反补贴、保障措施和特别保障措施）业务的律师不到 50 人，而能够在 WTO 上诉机构独立办理业务的律师只有数名。[1] 在我国，涉外法律纠纷逐年提高，尤其是与美国、欧盟等国贸易摩擦日益加剧的背景下，涉外经贸律师人才的匮乏显然不利于在 WTO 争端解决机制框架下维护我国的企业合法权益。因此，涉外律师课程的开设与资格认证考试的设置应当重点围绕 WTO 与

---

〔1〕 参见《专家称中国能办"双反双保"律师不到 50 人涉外律师缺口大》，载 https://www.yicai.com/news/5323397.html，最后访问日期：2022 年 10 月 14 日。

RCEP 框架下反倾销、反补贴、保障措施与特别保障措施等相关领域深入推进。例如，引导与推动本地的法律培训机构通过线上培训与线下讲座等多种方式开设"双反双保"的专业讲座，邀请国内外高校权威学者与实务界知名专家为有意愿从事涉外律师业务的律师开展业务培训并定期开展考核。

在必要时，可以考虑引入外资，允许中外办学联合培养涉外律师，降低外资进入我国准入门槛。2013 年，《国务院关于印发中国（上海）自由贸易试验区总体方案的通知》曾明确规定："（1）允许举办中外合作经营性教育培训机构；（2）允许举办中外合作经营性职业技能培训机构。"该方案率先突破了经营性中外合作办学的法律禁区。2016 年，此项政策试点推广至浦东新区，上海市人力资源和社会保障局还颁布了《关于在浦东新区设立中外合作经营性职业技能培训机构实施告知承诺的办法》，吸引了美国、日本与瑞士等多国的"非学制类职业技能培训"项目落地，覆盖金融理财规划、商务策划、养老护理、美容等多个职业资格证书的培训与考核。但问题在于：上述项目并未涉及境外律师职业技能的培训与认证，且实施的范围仅限于自贸区与浦东新区。相比之下，北京已将此项政策试点扩展至全市范围，作为国家服务业扩大开放综合示范区，国务院决定在北京市暂停实施《中外合作办学条例》第 60 条，授权由北京市制定发布鼓励外商投资经营性成人教育类教育培训机构、支持外商投资举办经营性职业技能培训机构的具体管理办法。2022 年，北京市人力资源和社会保障局、北京市市场监督管理局、北京市商务局颁布了《北京市营利性外商投资职业技能培训机构办学管理办法》，对外商投资北京市营利性职业培训机构进行了系统性规范。未来上海同样应颁布相应的管理办法，在全市范围内允许设立中外合资乃至外商独资经营性职业技能培训机构，尤其是在中外合作法律职业技能培训机构的设立与变更环节过程中，复制推广上海自贸试验区与浦东新区的经验，借鉴北京市的做法，持续深化"证照分离"改革要求，采取告知承诺审批方式，进一步优化审批流程、压缩办理时限，并加强事中事后监管，对课程教材、教师雇佣、预收费管理等相关重点环节进行严格规范。

第三，发挥涉外律师领军型人才的引领作用与示范效应。2017 年 6 月，中华全国律师协会建立"一带一路"跨境律师人才库，共有 143 家中外律师事务所、205 名中外律师被首次纳入"一带一路"跨境律师人才库。[1]经笔者统计，上海律师仅有 15 人入选该名单，占比 7.3%，上海律所仅有 6 家入选名单，占比为 4.2%。2018 年 4 月以来，司法部积极开展涉外律师人才库建设，编印《全国千名涉外律师人才名册》，涵盖国际经济合作、国际贸易、海商海事、金融与资本市场、跨国犯罪与追逃追赃、跨境投资、民商事诉讼与仲裁、能源与基础设施、知识产权及信息安全 9 个涉外法律服务领域，供各有关部门和企事业单位在选聘涉外律师时参考。但上海涉外律师的占比较低，仅仅为 99 人，占全国涉外人数的比例大约为 10%。笔者对这 99 名上海律师的执业范围进行统计，[2]业务领域为"国际经济合作"的律师为 7 人（全国律师为 84 人，占比约为 8.3%），业务领域为"国际贸易"的律师为 17 人（全国律师为 289 人，占比

---

〔1〕 参见 https://www.sohu.com/a/162076664_ 658337，最后访问日期：2022 年 9 月 30 日。

〔2〕 参见 http://www.bcisz.org/plug/lawyerquery，最后访问日期：2022 年 10 月 1 日。

约为5.9%），业务领域为"海商海事"的律师为12人（全国律师为92人，占比约为13%），业务领域为"金融与资本市场"的律师为33人（全国律师为240人，占比约为13.8%），业务领域为"跨国犯罪与追逃追赃"的律师为1人（全国律师为19人，占比约为5.3%），业务领域为"跨境投资"的律师为59人（全国律师为546人，占比约为10.8%），业务领域为"民商事诉讼与仲裁"的律师为42人（全国律师为421人，占比约为9.9%），业务领域为"能源与基础设施"的律师为8人（全国律师为86人，占比约为9.3%），业务领域"知识产权及信息安全"的律师为14人（全国律师为125人，占比约为11.2%）。当然，考虑到每位律师执业领域与执业方向在2个以上，上述统计数据有所重复。分析上海律师在上述涉外法律服务领域执业人数与占比，不难发现，上海执业律师在各个涉外法律服务领域占全国律师总人数的比例均就较低，占比相对较低的领域"国际贸易"与"跨国犯罪与追逃追赃"领域仅仅为5%左右，而其他领域占比基本在10%左右浮动，即使是占比最高的"海商海事"领域也仅仅为13.8%。此种法律服务结构与分布显然与上海涉外法律纠纷频发的现状不相适应，作为全国对外开展经贸合作的门户城市，上海涉外律师资源的匮乏与短缺无法为日益增长的涉外法律服务需求提供坚实的人才支撑与智力保障。

上海市法学会也曾成立涉外法律人才库，首批有215人入选。其中，从事涉外法学法律研究的103位，主要来自上海法学院校及科研院所；从事立法、司法工作的26位，其中法院系统17人，检察系统7人；从事律师工作的86位，分别来自32

家律师事务所。[1]因此，涉外律师人数在总人数中的占比为40%，该比例同样需要进一步提高。笔者建议，应当对接国家对于"一带一路"涉外法律人才与国际化法律服务的迫切需求，充分发挥引领作用与示范效应。例如，上海司法局或律协与司法部、全国律师协会积极沟通协调，持续推动更多上海涉外律师进入国家级涉外法律人才库，或者进一步扩大本地涉外法律人才库的范围，在法学会成立"涉外法律人才库"的基础之上，上海律协与司法局可以考虑专门构建上海版的"一带一路"跨境律师人才库与涉外律师人才名册，分别制定领军人才、优秀人才与后备人才的梯次培养与管理计划，对于上海涉外律师人才进行分级分类管理。

就领军人才的选拔而言，可以参照全国律协与司法部的入选标准，要求涉外律师满足以下任一标准：担任我国政府部门法律顾问并提供涉外法律服务（不少于3年）；作为主办律师多次为中外企业重大涉外经济活动提供非诉法律服务（不少于10件）；作为主办律师多次代表中外企业在重大涉外民商事纠纷中提供诉讼代理服务（不少于10件）；作为主办律师多次办理重大涉外法律事务（不少于3件）；具有涉外诉讼、仲裁、调解工作经历（不少于3年且办理涉外案件不少于5件），或具有企业涉外法律事务部门工作经历（不少于3年），或具有行政机关涉外部门工作经历（不少于3年）。而对于优秀人才与后备人才则应相应地降低选拔标准与准入门槛，并定期选派上述优秀的领军、优秀与后备人才师赴相关国家学习、培训、考察以及开展

---

[1] 参见《上海市法学会初步建立涉外法律人才库，215人首批入选》，载 https://www.sohu.com/a/363493214_254324，最后访问日期：2022年9月28日。

服务，尤其是在国企重大涉外项目落地过程中辅助境外律师开展工作，尤其是大幅提高上海从事"国际贸易"与"跨国犯罪与追逃追赃"领域涉外律师的入选比例，适当提升从事国际经济合作、国际贸易、海商海事、金融与资本市场、跨国犯罪与追逃追赃、跨境投资、民商事诉讼与仲裁、能源与基础设施、知识产权及信息安全等相关人员的涉外律师人数。具体而言，鼓励涉外律师考取境外相关执业资格证，参与境外继续教育进修，对于律所开展的涉外法律服务人才培训项目给予财政补助与支持，将纳入领军、优秀与后备人才库的涉外律师人才作为直接落户的重点产业支持范围，提供人才公寓、子女入学、医疗保障等配套人才奖励与便利条件。

（2）主动吸引境外涉外律师。除了积极培育涉外律师人才，也应积极引入具有外国法律知识和丰富的国外法律环境执业经验的高层次专业人才，包括境外律师人才。我国要积极参与全球法律治理，乃至引领国际规则制定，取得规则制定的主导权与话语权，就应当吸引全世界最优秀的法律人才为我国企业服务，而不能长期封闭国内的法律服务市场，不允许外国律所与律师进入，而应采取包容审慎的态度考虑吸引更多的外籍律师人才与外国律所参与我国法律市场的竞争。在这一方面，广东搭建粤港澳律师合作平台的实践值得上海借鉴与学习，如上文所述，《深圳市前海深港现代服务业合作区管理局关于支持前海深港国际法务区高端法律服务业集聚的实施办法（试行）》，对入驻前海的外资律所招聘港澳律师予以财政激励与落户支持。新加坡、英国、韩国也允许境外律师开展执业活动或担任法律顾问，并对其准入条件与执业范围作出了明确的规定。

上海应颁布专门的涉外法律人才引进政策：一方面，上海司法局可以考虑举办外籍律师执业资格考试。上海可以考虑在部分法院开展外籍律师参与诉讼（例如未来的上海国际商事法庭）或在部分律所开展外籍律师参与非诉业务的政策试点，允许通过培训与考核且经司法局注册登记的外籍律师在部分法院开展执业活动，但应严格限制其执业范围，仅限于法律咨询与代理等商事非诉业务，以及部分涉外商事诉讼业务，不得参与诉讼代理、继承、不动产买卖、行政审批等国内法律实务。另一方面，为吸引外籍律师在上海律所开展执业活动，上海司法局与律协可以联合自贸区或新片区实施相应的激励机制，引导上海部分律师事务所颁布相应的涉外律师执业人才引进政策，考虑采取发放执业补助与安家补助，免费提供办公场所或减免办公费用，免去年审费用，举办定期推介会以及提供执业协助服务。例如，对于外籍律师执业期间年审费用进行全额补贴，购买合适的执业商业保险，解决外籍律师办公、会议、见客、保密与法律文件归档等日常办公需求；为其配备具有专业经验的法务助理或资深律师，协助其处理相关法律事务，帮助解决其因对我国司法程序不熟悉引起的执业不适应以及其他在执业过程中所面临的难题；建立系统化、持续性诉讼与非诉业务的外籍律师培训体系，为其提供国内办案流程、证据规则与法律适用等业务指导；打造符合外籍律师的法律服务产品以及涉外法律服务品牌，帮助其拓宽涉外案件；优先推荐外籍律师担任本地各类行业协会等社会职务（例如法学会与律协的专业委员会）或入选各类涉外人才库（例如涉外法律人才库）。除此以外，还可以根据其学历发放相应的执业补助与安家补贴；协助外籍律师申请在沪的各项优惠政策，如税收优惠、住房补贴、医疗保障、人才奖励、人才居留、人才签证与外国专家证办理等，及时向其发布优惠政策的申请条件与办理期限等信息。

2. 提升上海涉外律师服务的国际影响力与知名度

《上海司法行政"十四五"时期律师行业发展规划》提出："支持市律师协会办好各类国际律师组织的会议，加强与境外律师协会等组织友好合作与交流，支持本市律所牵头建立具有国际影响力的跨国律师组织。支持优秀律师在有关国际组织、专家机构等任职，积极在各类涉外工作中发挥作用。"

《上海律师人才队伍建设三年行动纲要（2020—2022）》的主要目标之一为"国际认可提高"，即推动上海律师在世界主要律师组织担任负责人、理事、执行委员会负责人……进一步提升上海律师担任国际主要仲裁机构、商事调解机构中的仲裁员、调解员数量。"提高涉外法律事务的参与度"，即支持优秀涉外律师人才担任国内、国际有关专家委员会委员，参与国际组织合作项目或者到国际组织、区域组织、有关国际经济贸易组织的专家机构、评审机构、争端解决机构担任职务。鼓励支持优秀涉外律师人才参加国际规则的制定、多边贸易谈判等工作。"增强上海律师的国际影响力"，即指导市律师协会进一步梳理与境外律师协会等组织的友好合作协议，选择部分重点国家和地区加强交流和出访，探索与新的国家和地区律师协会的交流。"促进法律人才的国际交流"，即支持上海律师事务所牵头建立具有国际影响力的跨国律师组织，鼓励本市律师积极参与国际律师组织活动，进入国际律师组织任职。全力支持办好各类国际律师组织的会议。

以国际商会仲裁院（ICC）为例，ICC 既是由世界上 100 多个国家参加，覆盖全产业、全地区，代表全球 4500 万企业会员的国际重要商会组织，也是国际经贸规则和政策文件的重要制定者和推广者。中国于 1994 年 11 月正式加入，秘书处设在中国国际商会。当前，ICC 争议解决部门主要由四部分组成：ICC 国际仲裁院秘书处、ICC 国际仲裁院、ICC 仲裁与替代性争议解决委员会、ICC 国际替代性争议解决中心。以 ICC 仲裁与替代性争议解决委员会为例，尚无中国律师入选该委员会，ICC 成立的其他政协委员会，例如 ICC 全球银行委员会、国际商法与惯例委员会、反腐败与企业责任委员会、全球关税与贸易便利委员会、全球政协经济委员会、环境与能源委员会、市场营销与广告委员会、知识产权委员会、税收委员会、贸易与投资委员会也是如此（曾有个别中国律师短暂入选商法与惯例委员会）。ICC 竞争委员会中有 3 名中国律师入选，但其中无上海律师。除此以外，还有个别律师受邀请参与了竞争委员会国际贸易与国家援助工作组、欧盟新横向竞争规则工作组、并购控制专家组、竞争法与数字经济工作组的工作，深度参与了全球重点国家和区域的竞争法、数字经济立法动态研究，以及相关报告的评估、修订，但基本为北京律师，上海律师极少。即使在 ICC CHINA 成立的各专家委员会中，律师占比也较低，且基本为北京律师。[1]

在 2022 年举行的第七届国际商会国际仲裁亚太年会上，国际商会国际仲裁院成立了新一届国际商会"一带一路"委员会主席和成员，[2]总计 28 人，覆盖了汽车、农业、航空、建筑、化工、重型机械、基础设施、投资银行、交通运输、石油、天然气与服务业等各个基础领域；成员主要来自于国有企业、民

---

[1] 参见 https://iccwbo.org，最后访问日期：2022 年 10 月 3 日。

[2] 参见 https://m.thepaper.cn/baijiahao_ 19623850，最后访问日期：2022 年 10 月 2 日。

营企业、跨国企业、院校与主要律所的知名仲裁员，委员主要由 ICC 综合考虑影响力、专业度、多元化后通过邀请产生。经统计，委员会成员基本由中国专家所组成，但仅有 4 名中国律师，其中来自上海律所的律师仅有 1 名（中联律所），其他 3 名律师均来自北京律所。

再以国际保护知识产权协会（AIPPI）为例，该协会是全球最重要的知识产权保护组织，旨在促进知识产权在世界范围内能够得到有效的保护，实现各国知识产权立法的一致。该协会设有多个常设委员会，其中，中国籍专家的数量偏少。经笔者统计，在替代性纠纷解决方式委员会中，有 2 名中国专家；在法律顾问委员会中，有 1 名中国专家；在生物科技委员会中，有 2 名中国专家；在律师和客户间信息保密特权委员会中，有 1 名中国专家；在知识产权商业化委员会中，有 2 名中国专家；在版权委员会中，有 1 名中国专家；在发展与知识产权委员会中，有 1 名中国专家，在政协经济委员会中，有 3 名中国专家；在地理标志委员会中，有 2 名中国专家；在执行委员会中，有 2 名中国专家；在自由贸易协定委员会中，有 1 名中国专家；在信息技术与互联网委员会中，有 3 名中国专家；在知识产权与绿色技术委员会中，有 2 名中国专家；在设计委员会中，有 3 名中国专家；在遗传资源与传统知识产权保护委员中，有 2 名中国专家；知识产权办公实践与流程委员会中，有 3 名中国专家；在专利合作条约委员会中，有 2 名中国专家；在标准与专利委员会中，有 2 名中国专家；在专利委员会中，有 2 名中国专家；在医药委员会中，有 2 名中国专家；在盗版与造假委员会中，有 3 名中国专家；在贸易知识产权协定委员会中，有 3 名中国专家；在单一或统一专利法庭委员会中，有 1 名中国专家；在商标委员会中，有 4 名中国专家；在商业机密委员会中，有 2 名中国专家。除此以外，AIPPI 还设定了若干法定委员会，其中，沟通委员会中有 1 名中国专家，金融委员会中没有中国专家，会员委员会中有 1 名中国专家，规划委员会中有 1 名中国专家，审判地委员会中有 1 名中国专家。除此以外，还有个别中国籍专家参与了内设委员会与青年会员咨询委员会。[1]但总体而言，中国律师参与 AIPPI 下设的各常设委员会、法定委员会与机构咨询委员会数量偏少，上海律师数量更是屈指可数。

上海应当扩大律师在上述国际组织中任职的人数与占比，推动法律界在国际平台上讲好中国故事，发出中国声音，扩大国际影响力，尤其是在国际经贸规则与国际重要公约制定之时积极发声，从中方专家角度提供专业化的意见和贡献，在积极维护我国企业的合法权益，尽可能挽回经济损失的同时，也体现了我国涉外律师国际化与专业化的特色。具体而言，上海司法局、律协可以与国际商会中国国家委员会（ICC CHINA）与AIPPI 中国分会加强联系与沟通，推荐更多优秀涉外律师进入上述国际组织中国分会下设的各个委员会之中，从而为将来进入ICC 与 AIPPI 等国际商事、仲裁与调解组织的专家机构、评审机构、咨询机构与争端解决机构任职提供基础与准备。

上海司法局还应当积极搭建国内外律师的交流沟通与跨国合作平台，推荐更多律师加入中华全国律协成立的"一带一路"律师联盟，推动上海律协与多个国家律师协会开展友好合作与定期互访，鼓励与选派涉外律师参加国际律师联盟、环太平洋律师协会、亚太法律协会等重要国际律师组织举办的国际会议

---

〔1〕 参见 https://www.aippi.org，最后访问日期：2022 年 10 月 2 日。

与论坛上进行发言，促使更多律师参加上述国际组织下设的各委员会，例如担任负责人、理事、执行委员会负责人等职务，从而加速境内外律师的信息分享、成果交流与业务合作。待将来时机成熟之时，上海司法局与律协应支持部分头部律所牵头成立"一带一路"上海律师联盟或上海合作组织律师协会；在现有国际经贸合作的合作框架体系之下，发挥上海的区位优势与政策优势，主动与"一带一路"国家与上合组织成员的律师组织对接；定期举办世界律师大会与法律服务专题展，通过研讨"一带一路"沿线与上海合作组织国家涉外商事法律热点与法律纠纷，分享区域间各国涉外法律的最新动态。一方面，有利于为各法域的涉外律师提供交流与互鉴平台，提高上海律师乃至中国律师在国际影响力与知名度，从而推动区域性涉外律师行业的整体联动与协同发展。另一方面，也有助于在加强区域间合作的基础之上输出"中国方案"与"中国智慧"，从法律层面为"一带一路"与上海合作组织成员国之间的经贸合作与政治互信"保驾护航"。

3. 打造上海涉外律师服务品牌与提升涉外法律服务能级

《上海司法行政"十四五"时期律师行业发展规划》曾提出"全面提升涉外法律服务能级"，即加快打造上海涉外律师服务品牌，提高涉外法律服务业务占上海律师整体业务的比重，形成 40 家左右在国内外具有较高知名度的涉外律所。支持律所"走出去"，加强对律所设立境外分支机构的引导和规范管理，鼓励支持律所通过多种方式在世界主要经济体、"一带一路"国家或地区设立分支机构。"做优东方域外法律查明服务中心品牌"，即加强各类资源统筹和工作指导，提升服务质量，扩展服务对象，充分发挥服务保障企业"走出去"的重要作用，努力打造成为全国最优秀的域外法律查明机构。

《上海律师人才队伍建设三年行动纲要（2020—2022）》曾提出"国际认可提高"，即到 2022 年，在国内和国际市场树立上海律师服务品牌，争取在国际权威法律评级机构榜单中出现更多上海律师事务所和上海律师，逐步占据头部位置。

（1）鼓励律所创建涉外法律服务示范单位。上海司法局与律协应积极组织示范性律师事务所的评比，发挥其引领作用与示范效应，尤其是综合性、专业化、国际化的涉外律所。鼓励律师事务所积极创建全国涉外法律服务示范机构，或者牵头组织创建上海涉外法律服务示范机构，计划到 2025 年共创建 50 家左右示范机构，研究制定培育国际一流律师事务所标准，指导有关律师事务所按照标准加强建设。可以参照全国涉外法律服务示范机构（律师事务所）的评选指标，确定系统的评价体系与具体的衡量标准。统计指标如下：具有取得境外律师执业资格律师的数量及与律师总人数比例，具有能以外语为工作语言律师的数量及与律师总人数比例，具有取得境外高校学位律师的数量及与律师总人数比例，设立境外分支机构情况（境外分支机构律师人数、所在国家或地区及各自数量、设立形式及数量）、近五年完成案件量、近五年案件收费数、近五年完成涉外案件量、近五年涉外案件收费数、近五年境外分支机构完成案件量、近五年境外分支机构案件收费数等。

（2）推动律所设立更多境外分支机构。近年来，上海律所纷纷在国外设立分支机构。例如，锦天城律师事务所英国伦敦分所是上海本土所通过直投的方式在海外设立分所的探索和尝试。同时，总部位于北京但在上海设有分所的综合性大所，如金杜、大成、中伦、国浩、盈科等纷纷通过联营、并购、合资与加盟等多种方式与"一带一路"国家等境外律所建立长效合作机制。根据统计，总部在上海的律师事务所中有 13 家在境外开设分支机构，总部在外省市但在上海设立分所的律师事务所中有 37 家在境外开设分支机构。[1]但总体而言，在境外开设分支机构的律所在上海所有的涉外律所（233 所）中的占比依然偏低，仅仅为 21.5%。其中，总部在上海设立且在境外设立分支机构的律所占比更低，仅仅为 5.6%。

笔者建议，上海司法局应充分落实《律师事务所境外分支机构备案管理规定》《司法部、国家外汇管理局关于做好律师事务所在境外设立分支机构相关管理工作的通知》等规范性文件的要求，为律所申报境外分支机构投资总额、境内方出资比例、境内方出资总额、出资币种等提供便利条件，并加强事后监管。同时，颁布地方性激励机制与优惠政策，积极协调国资委、经信委、商务委与外事办等单位，为其提供行政审批、财政支持、税收减免、跨境收支、人员出入境与外事政策方面的指引与帮助。对境外分支机构的投入资金抵扣本所在境内的应纳税所得额，给予涉外法律服务机构和高新技术企业同等的税收优惠待遇，对于在境外设立分支机构的律所，根据其设立期限、经营所得、营业收入与实际规模给予一次性奖励。

在业务类型与分布区域方面，当前国内律所的涉外业务主要以非诉为主，占比约 60%，诉讼业务占相对较少，即使在诉讼业务中，也主要以涉外民事诉讼为主。相比之下，开展国际贸易、国际金融、国际投资、涉外税务等业务的比例较低。欧

---

〔1〕 参见《上海发展涉外法律服务业：鼓励国内律所在境外设立执业机构》，载 https://baijiahao.baidu.com/s? id=1604425186849398678&wfr=spider&for=pc，最后访问日期：2022 年 10 月 1 日。

洲、亚洲、澳洲、非洲以及"一带一路"国家的涉外律师业务占比较少，而在港澳台与北美等国的涉外律师业务占比较高。

笔者建议，上海司法局与律协应致力于为建设符合上海五个中心定位、适应全球经济一体化以及经济高质量发展需求的国际一流涉外律师事务所提供清晰指引，定期召开"律师事务所赴境外设立分支机构专题辅导政策说明会"，联系更多涉外律所，为中小型的民营企业提供涉外法律咨询与法律援助，通过重点案例的宣讲，为其宣传与普及涉外法律服务，尤其是涉外律师业务对于企业对外贸易与投资的重要性。引导涉外律所加强专业分工与业务整合，根据自身的优势与专长，通过"一带一路"上海律师联盟或上海合作组织律师协会在欧洲、亚洲、澳洲、非洲以及"一带一路"等重点区域建立海外法律服务中心，实现"一站式"的法律服务供给，帮助更多企业实现境外投资项目的落地，在参与企业涉外商事交易的尽职调查，开展风险评估、防范与控制的同时，协助建立健全境外投融资风险防范和维护权益机制。

（3）扩展东方域外法律查明服务对象与服务范围。为做优东方域外法律查明服务中心品牌，应当扩展该中心的服务对象与服务范围，不仅为法院与仲裁机构提供域外法律查明服务，查明对象包括成文法、法院判例、国际公约与国际惯例以及国外重要的学术文献与学术观点，也为国内外企业提供域外法律信息匹配服务，推荐熟悉该业务领域的律所与律师，为政府部门与相关企业提供域外法律咨询与立法论证，并提交专业的域外法律信息分析报告。在技术手段运用上，应主动引入大数据、AI 等先进技术对于相关案件与法律法规进行梳理，组织专业律师团队，参照司法部、全国律协曾经组织律所编写《"一带一路"国家法律环境国别报告》，定期发布美国、欧盟、亚非拉等我国重点投资与开展经贸领域合作国家与地区的法律环境国别报告，从而扩大自身品牌影响力。同时，与国内外数据库与法律查明平台，例如最高院域外法查明平台与广州的"域外法查明通"合作、国外的 i-law、LexisNexis、Westlaw 开展深入合作与信息共享。

总体而言，打造东方域外法律查明服务中心品牌不应停留在现有法律的查明，还应扩展其服务功能，丰富其服务内涵与外延，其发展方向应该是类似于"北大法宝"或"北大法意"等"一站式"的法律与案例检索系统，允许涉外律师在检索相关法律法规的同时，关联相关案例、司法解释乃至学术论文，不仅让用户方便地查询法条，更能进一步帮助其理解、研究、利用法条，实现法规库、案例库与学术索引平台之间的互联互通，从而避免法律法规、司法判例与学术观点等各自模块之间的功能割裂与信息孤岛。在最大限度地利用现有法律库与案例库的基础之上，根据案由、当事人与域外法律适用等分类条件进行统计分析，明确域外法的适用场景与适用空间，从而为律师适用法律、分析案情、研究判决提供进阶性的需求。

4. 探索境内外律所合作的机制与方式

《上海司法行政"十四五"时期律师行业发展规划》提出："进一步探索密切上海律师事务所与境外律师事务所业务合作的方式与机制，合理降低外国律师担任本市律所法律顾问的从业年限要求，允许港澳与上海合伙联营律所以本所名义聘用港澳和内地律师，在自贸区新片区探索创新法律服务对外开放制度机制。""相继制定实施自贸试验区中外律所联营和互派法律顾问、港澳律师事务所与内地律师事务所合伙联营、对台三项开放政策、国内律师事务所聘请外籍律师担任外国法律顾问等试点实施办法。"

《上海律师人才队伍建设三年行动纲要（2020—2022）》提出："降低外国律师担任本市律师事务所法律顾问门槛。适当降低外国律师需具有 3 年以上执业经历的资质要求，鼓励本市律师事务所以聘用协议的方式聘请外国国籍且具备外国律师执业资格的自然人担任外国法律顾问。""进一步密切本市律师事务所与港澳地区律师事务所业务合作的方式与机制。允许在本市设立的内地与港澳合伙联营律师事务所以本所名义聘用港澳和内地律师。"

当前，上海已经在自贸区范围内对中外律所联营与互派律师顾问方面开展了制度尝试与规则探索。笔者建议，积极转变思维，进一步推动境内外律所与律师互鉴。在法律思维与措辞表述层面，英美法系与大陆法系执业律师存在着巨大差异，受英美法系演绎思维的影响，英国与新加坡律师习惯于将本案所涉及的所有法律风险与法律后果，也要事无巨细地告知客户，哪怕存在概率极低的可能性。反之，也要求客户将本案纠纷可能涉及的所有事项，包括直接或间接影响案件处理结果的情况予以全部告知。因此，其出具的法律意见与尽调报告也相对冗长。相比之下，我国律师主要受大陆法系归纳思维的影响，更善于通过长篇表述中识别最具有价值的核心观点与关键结论，从而为客户提供最佳的解决方案。在工作习惯上，中国律师效率更高，便于随时联系，而英美法系律师往往更为注重办案质量，必须经过事前预约才能沟通，导致许多中国客户难以适应。因此，中外律师共同合作办案有助于同时提高办案的质量与效率。在法律适用层面，境内律师相比于境外律师更为熟悉国内

法，尽管境外律师可以通过线上线下等各种方式查询本国相关
法律规定、技术标准与司法解释，但无论如何都不可能达到本
地律师的专业化程度与要求。反之，对于外国相关法律法规、
技术标准与司法解释，境外律师同样比境内律师更熟悉如何遵
循与适用。因此，引导境内外律所紧密合作，帮助客户在全面
遵循当地各项法律法规与规章制度的前提下，签订跨境服务合
同，是打造上海涉外律师服务品牌的重要路径。

上海发展涉外律师业务的主要问题在于：境外律师设立代
表机构的条件较为严苛，境内外律所开展业务合作的准入门槛
较高，境外律师的执业范围受到诸多限制，且缺乏相应的财政
奖励与激励机制。以外国律师事务所在国内设立代表机构为例，
《外国律师事务所驻华代表机构管理条例》与《司法部关于执行
〈外国律师事务所驻华代表机构管理条例〉的规定》对于代表机
构代表与首席代表的执业年限、境内居留时间以及增设代表处
执业期限的要求过高，司法局审查材料期限过长，可能会影响
大批在上海设立代表机构的外国律师事务所的意愿。

笔者建议，在上海自贸试验区范围内暂时调整或停止适用
《外国律师事务所驻华代表机构管理条例》与《司法部关于执行
〈外国律师事务所驻华代表机构管理条例〉的规定》，灵活运用
先行先试权出台相应的实施细则；或者利用全国人大赋予浦东
新区先行先试与创新变通的立法授权，颁布浦东新区法规。适
当降低外资律师所与律师的准入门槛，将代表机构的代表在中
国境外执业年限缩短为不少于 1 年，首席代表在中国境外执业
年限缩短为不少于 2 年，司法局审查期限从申请材料之日起的 3
个月缩短为 1 个月；将代表机构的代表每年在中国境内居留的
时间从 6 个月缩短为 3 个月，将申请增设代表处的条件从在华

最近设立的代表处连续执业满 3 年缩短为 1 年。借鉴深圳前海的激励办法，落实设立或迁入总部的境外律所、分所或代表机构的奖励措施，根据该律所的知名度、营业收入、经营所得分别予以不同额度的财政激励；细化境外律所为地方经济发展做出贡献的激励机制，依据律所经营期限、经营所得等因素分别给予律所不同额度的政策补贴，补贴的额度与扶持的力度同样可以高于深圳前海。

就中外律所互派律师顾问与中外律所联营的政策试点而言，上海市司法局曾颁布《中国（上海）自由贸易试验区中外律师事务所互派律师担任法律顾问的实施办法》和《中国（上海）自由贸易试验区中外律师事务所联营的实施办法》，在互派机制下，明确自贸区中外律师事务所，可以协议互派驻律师担任法律顾问，但外国法律顾问在派驻期间，不得从事或者宣称可以从事中国法律服务，不得在名义上或者实质上成为中国律师事务所的合伙人，不得参与中国律师事务所或者分所的内部管理；在联营机制下，明确自贸区中外律师事务所，但参与联营业务的外国律师事务所及其驻华代表机构、代表和雇员不得办理中国法律事务。

笔者建议，应进一步加强制度改革，将中外律师事务所联营与互派法律顾问试点的范围从自贸区逐步推广至浦东新区全域乃至全市。对于互派法律顾问试点，可以考虑在新片区范围内，进一步放宽参与试点的中外律师事务所的执业人数与设立时间的限制。例如，取消参与试点的中国律师事务所具有专职执业律师 20 人以上的限制，互派律师顾问的数量从 3 人扩展至 10 人，将中国律所以及外国律所在上海代表机构的设立时间从 3 年缩短为 1 年，放松互派律师的执业年限要求，将担任法律顾问的中外律师的执业年限从 5 年降低为 3 年。甚至考虑给予符合条件的外籍律师享有中国律所合伙人的身份，允许其参与律所的管理，分享国外律所治理与经营的先进经验，从而提高上海涉外律所的国际化水平。待时机成熟之时，借鉴韩国经验，颁布关于外国律师顾问的地方性法规或部门规章，明确其执业范围、执业条件以及相关权利义务。

就上海与境外律所（包括港澳律所）开展联营合作而言，笔者建议，借鉴《广东省司法厅关于香港特别行政区和澳门特别行政区律师事务所与内地律师事务所在广东省实行合伙联营试行办法》，明确联营各方的最低出资额（合计不得少于 500 万元，可实行认缴制）、出资比例（外方出资额不得低于 30%，不得高于 49%）与出资方式（各方协商确定），以及联营律师事务所的律师数量（不得少于 10 人）与派驻律师的执业经历（不得少于 3 年），从而全面提高中外律所合伙联营机制与合作方式的可操作性。同时，借鉴深圳前海的激励办法，对于积极开展联营，并且聘请外籍与港澳律师的律所给予一定的财政补助，根据境内外律所事务所的知名度、设立期限、经营所得、营业收入、实际贡献以及聘请外籍与港澳律师的人数，给予不同额度的落户支持与财政激励。例如，在新片区落户并实际运营的律所，聘用外籍或港澳法律专业人士的，按照每一名被聘用并实际开展业务的外籍或港澳法律专业人士每年 5 万元的标准，给予机构用人支持，每家机构每年支持不超过 200 万元。按其在内地律师事务所业务收入的 50% 给予支持，每年最高不超过 20 万元。同时，完善境内外联营律所的落户支持，主要根据境内外律师事务所的知名度，分别给予不同程度的落户支持，并提高奖励额度，对于境外知名律师事务所与境内的全国优秀律师事务所在上海合作设立的沪港澳合伙联营律师事务所,可以申请一次性 300 万元的落户支持;若境外知名律所与非全国优秀律所合作设立联营律师事务所,可以申请一次性 200 万元的落户支持;若境外非知名律所与非全国优秀律所合作,可以申请一次性 150 万元的落户支持。其中,境外知名律所的认定主要以近三年是否入选最新版的《钱伯斯法律指南》《法律 500》《亚洲法律杂志》为判断标准,并予以公开。上述政策可以率先在自贸区或新片区开展政策试点,待验证可行之后再向全市进行推广。

就上海市颁布的对台三项政策而言,主要为上海市司法局出台的《关于开展台湾地区律师事务所在本市设立代表处试点工作的实施办法(试行)》《关于开展台湾地区律师事务所与大陆律师事务所在本市联营试点工作的实施办法(试行)》和《关于开展台湾执业律师受聘于本市大陆律师事务所担任法律顾问试点工作的实施办法(试行)》,上述文件就台湾地区律所在沪设立代表处、开展联营以及派遣法律顾问的规定,也存在上述类似的问题。例如,设立代表处门槛的要求过高,开展联营的条件较为原则化,派遣法律顾问限制得过多以及缺乏政策激励,修改方案已在上文明确提出,笔者不再赘述。

(四) 上海发展涉外律师业务的风险

1. 对国内律师业务的影响及应对

在积极开展境内外律所联营与互派法律顾问政策试点之时,也应关注境内律所可能对本国法律服务市场竞争格局造成的冲击,影响上海涉外律所的市场份额,引发法律服务市场监管的风险等问题。事实上,在开展此项政策试点之前,上海法律服务市场之中就存在不少外国律所与律师违规办理中国法律业务的情形。根据《外国律师事务所驻华代表机构管理条例》，外国律所驻华代表机构只能向当事人提供该外国律师事务所律师已获准从事律师执业业务的国家法律的咨询，以及有关国际条约、国际惯例的咨询，而不得从事中国法律相关事务的咨询与服务工作。但在实践中，外国律所通过各种方式"打擦边球"违反上述禁令，"外国律所干活，中国律所签字""形式合法，实质违法""合作分工，暗度陈仓"等现象比比皆是。例如，部分外国律师以实习名义潜伏至中国律所，之后成立所谓的"外事部"，对外提供法律服务。对于诉讼业务，外国律师基本控制了整个诉讼与仲裁的流程（例如调查、取证与提供法律意见），仅仅在出庭环节雇佣中国律师代为出庭，相当于间接在我国开展诉讼与仲裁业务。而对于非诉业务，外国律师直接起草中国法律的意见书，向当事人提供中国境内的"尽职调查"，参与直接适用中国法律的投资、兼并等项目的谈判，就中国法律提供解释与咨询，再委托中国律所在法律文书中代为签字。最终，外国律所拿大部分代理费，而中国律师只能拿其中的一小部分。更有甚者，不少外国律所专门出资在上海、北京等地成立了所谓的"傀儡律所"，大肆挖掘中国涉外法律顶尖人才，私下达成的联营、合并与收购等秘密协议，控制中国律所专门为外国律所的法律意见签字或办理相关诉讼以及非诉手续。从长远来看，外国律所的违规执法现象可能会侵犯我国的司法主权乃至影响社会稳定、动摇我国现行司法制度的根基，乃至挑战我国司法机关的权威性，尤其是外国律所参与涉嫌参与危害国家安全、公共秩序以及社会稳定的案件，或者涉嫌国家机密与安全的政府部门与科研机关向其购买法律服务的情形。

但在另一方面，上海司法局针对外国律所非法提供中国法律服务的处罚案例相对较少,近年来只有 2 例针对外国律所开展的行政处罚。例如,2019 年,美国科律律师事务所驻上海代表处首席代表从事了援引中国法律,并代表客户提出赔偿主张的法律服务活动。[1]2018 年至 2020 年期间,美国斐格毕迪律师事务所驻上海代表处先后参与合规调查、直接向当事人提供法律服务,分别对中国劳动合同法、中国专利法等中国法律做出解释,并提供意见建议,超出代表处业务范围从事了中国法律事务。[2]当然,此种现状也与外国律所开展中国法律服务方式具有较大隐蔽性与秘密性有关,司法行政机关调查取证的难度相对较高。

笔者认为,就中外律所开展联营而言,在当前我国法律服务市场日渐开放与竞争力逐步提升的大背景下,"堵不如疏",与其一味禁止外国律所通过各种方式开展可能涉及中国法律的各类诉讼与非诉业务的违法行为,不如加强合理疏通与积极引导,允许中外律所开展"一站式"的法律服务。这并不是对外资律所违法违规行为的变相纵容与鼓励,而是对新形势下涉外法律服务市场的重新审视与系统梳理。事实上,当初对外国律所与外国律师的执业范围与从业方式进行限制,主要是考虑到相比于外国律所,我国律所早期的竞争力与影响力存在较大的差距,尤其是在跨国国际商事争端与复杂高新技术产业纠纷领域,缺乏足够的专业知识与服务经验;如果盲目开放涉外法律

---

〔1〕 参见《对美国科律律师事务所驻上海代表处的行政处罚决定书》,载 https://sfj. sh. gov. cn/2020sgs＿xzcf/20201102/1be340900a1a48708514916c700ffe2a. html,最后访问日期:2022 年 10 月 14 日。

〔2〕 参见《对美国斐格华律师事务所驻上海代表处的行政处罚决定书》,载 https://sfj. sh. gov. cn/2020sgs＿xzcf/20220107/35f3f771bcb04e9db03be7be9346ced4. html,最后访问日期:2022 年 10 月 14 日。

服务市场，允许自由竞争与兼并收购，可能有利于国外大型律所迅速主导与控制我国高端涉外法律服务市场，导致我国大量中小型律所面临倒闭的境地。因此，适当设置外国律所的准入条件有利于在一定程度上保护本土律所的市场份额。

但时至今日，我国涉外法律服务需求高速发展，外部法治环境也发生了天翻地覆的变化，形成了一批具有较强市场影响力与竞争力的涉外综合性大所。因此，充分发挥"鲶鱼效应"，采取合理措施鼓励中外律所开展联营与互派律师顾问等情形，有助于带动更多中小型涉外律所积极参与市场竞争，但是应严格控制"不得从事中国法律服务"的制度底线。事实上，即使新加坡与英国等法律服务市场的开放也是以"审慎稳妥"的姿态分步骤、分阶段地推进，上海对于境内外律所联营的模式与境外律师执业的方式的监管模式，应在确保不逾越现有法规和政策边界的基础之上，逐步扩大政策试点范围，从合同联营发展至合伙型联营，从允许互派律师顾问到允许外籍律师在部分领域开展执业。

2. 对境内外律所联营模式的影响及应对

就中外律所的联营而言，主要有三种形式，分为合同型联营、合伙型联营与法人型联营。所谓的"合同型联营"是一种较为松散的联营方式，双方律所的合作并未形成全新的经营实体，依然是独立核算、独立经营与独立注册的两个法律实体，主要通过合同来约定联营双方的合作方式与权利义务。当前上海自贸试验区中外律所联营合作机制遵循的就是这种模式，中方律师以中国律师事务所的名义开展业务，而外方律师以外国律所代表处的名义开展业务，以分工协作方式，向中外客户分别提供涉及中国和外国法律适用的法律服务，或者合作办理跨境和国际法律事务。联营期间，双方的法律地位、名称和财务各自保持独立，各自独立承担民事责任。当然，在实践中，合同型联营合作方式存在一定的变通。例如，允许中外律所合作成立的联营办公室在上海自贸试验区相关银行开立联营账户，中外律所合署办公，以联营办公室统一承揽案源与对接客户，共同享用行政资源与办公实施，统一签署聘用协议与收取法律服务费用，费用收回之后，双方在通过联营协议进行核算，在提高涉外法律服务效率的同时，也为资金结算与收付款带来了极大的便利。

而所谓的"合伙型联营"主要是一种半松散型的联营方式，往往以普通合伙型或特殊的普通合伙型律师事务所的方式建立。就前者而言，合伙人对于律师事务所的债务承担无限连带责任，就后者而言，因故意或重大过失造成律所债务的合伙人承担无限连带责任，其他合伙人按出资份额承担；非因故意或重大过失造成律所债务的，全体合伙人承担无限连带。根据《广东省司法厅关于香港特别行政区和澳门特别行政区律师事务所与内地律师事务所在广东省实行合伙联营的试行办法》的规定，允许由一家或多家香港或澳门律师事务所与一家内地律师事务所，按照本办法规定和各方协议约定的权利和义务，在广东省内组建合伙型联营律师事务所，以联营律师事务所的名义对外提供法律服务，承担法律责任。同时，明确联营律师事务所采用特殊普通合伙形式设立，以适当降低了粤港澳联营合伙人的债务承担风险。相比于合同联营，合伙联营属于实体联营，以自己的名义对外承接业务，独立承担责任，在内部管理和业务拓展方面具有更大的自主权。当然，尽管联营律师事务所以本所名义上统一受理业务，但对属于内地法律事务的，依然由内地律

师办理；属于香港特别行政区、澳门特别行政区或者外国法律
事务的，由香港特别行政区、澳门特别行政区派驻的律师或者
聘用的港澳律师办理。对其中既涉及内地法律适用、又涉及香
港特别行政区、澳门特别行政区或者外国法律适用的法律事务，
由本所律师按各自执业范围分工协作办理；对于涉外法律事务，
特别是涉及国际条约、国际惯例适用的法律事务，由本所律师
合作办理。"法人型联营"主要是中外律所联系最为密切的一种
联营类型，是中外双方律所共同出资与经营，在工商管理机关
进行登记的组织，具有独立财产、独立核算、自主经营、自负
盈亏的对外以法人主体资格与名义独立承担经济责任的经济联
合体，联营各方对联营企业债务的承担只以其投资额为限，承
担有限的民事赔偿责任，对于联营盈利也只能按投资额取得约
定的红利。当前，我国尚未允许法人型的中外律所联营合作
模式。

笔者建议，上海未来发展中外律所联营的主要方向应为
"合伙型联营"，并且秉持渐进与稳妥的原则逐步推进。一方面，
可以借鉴粤港澳设立合伙联营与韩国设立合资律所的经验，在
出资金额与出资比例方面进行适当的限制。例如，合伙联营各
方的出资额合计不得少于人民币 500 万元，出资方式由联营各
方协商确定，联营的外资律所为一家律师事务所的，其出资比
例不得低于 30%，不得高于 49%；为多家律师事务所的，各方
出资比例均应当低于上海律师事务所的出资比例。联营各方出
资可实行认缴制，但在申请联营时各方实际出资不得少于认缴
额的 30%，其余应在联营获准后的 3 年内缴齐；联营律所的律
师数量不得少于 10 人，派驻律师的执业经历不得少于 3 年，合
伙联营律所中外国律师合伙人人数不得超过本国律师合伙人；

联营各方在合伙联营所的律师中应指定 1 名牵头负责的律师；合伙联营律师事务所的双方应为国内外律师事务所的总所；合伙联营律师事务所不得处理诉讼、行政审批、继承等国内法律业务；建立联营律所律师职业责任保险制度，根据联营各方的约定，可以联营律师事务所名义统一购买职业责任保险，合资律师事务所需为律所购买不少于 500 万元执业保险，为每位律师购买不少于 50 万的执业保险。待未来时机成熟之时，允许各方派驻律师数量和本所聘用律师数量由联营各方协商确定，并取消合伙联营的中外律师事务所应为国内外律师事务所总所的限制，放宽合伙联营律师事务所处理国内法律业务的范围，允许执业保险的具体投保的额度由联营各方协商确定，为允许设立"法人型联营"做好准备。

另一方面，也应借鉴英国的规定，对于中外合伙联营的律所加强行政监管措施。要求境内外合伙联营律所的营运须遵守上海司法局与律协的执业规范，外籍律师不得声称或误导客户认为自己是中国执业律师，不得利用中外合伙联营律所虚拟办公骗取政策优惠与财政补贴，上海司法行政监管部门遵循"双随机、一公开"监督检查原则加强事中事后监管。待时机成熟之时，可以将成立中外联营律所的行政审批权与处罚权下放至区级司法行政机关。

3. 对互派律师顾问试点的影响及应对

就互派律师顾问的政策试点而言，上海应借鉴韩国的规定，率先颁布涉及外国律师顾问的地方性法规或部门规章，将自贸区允许中外律所互派法律顾问的规范性文件上升为地方性法规，设定外国顾问的执业范围、资格认证和登记事项、执业条件，同时明确其享有的各项权利以及应遵循的各项义务。例如，规定外国法律顾问 1 年内在我国内地时间应不少于 180 日，要求外国律师不得进行虚假宣传，不得侵害或泄露与业务有关的秘密等规定。上海律协也应当颁布专门的外国律师顾问的道德准则、登记条例、处分规则、广告规则以及相关实施细则等。

    当然，中外律所互派法律顾问的最终发展方向是允许外籍律师在部分领域开展执业。如上文所述，上海可以借鉴广东搭建粤港澳律师合作平台的经验，以及新加坡、英国等关于外国律师准入与执业的管理，在部分律所开展外籍律师参与诉讼与非诉业务的政策试点，举办外籍律师执业资格考试，允许通过考核且在我国司法局注册登记的外籍律师在部分法院开展执业活动，但应严格限制其执业范围，仅限于法律咨询与代理等商事非诉业务，以及部分涉外商事诉讼业务，不得参与诉讼代理、土地与继承、不动产买卖、行政审批等国内法律实务。上海市司法局与律协还应当加强外籍律师的日常管理，要求外籍律师每年接受律协的考核，并在司法局注册，若未完成相应的培训课程，或者在庭审过程中发表可能影响我国社会公共管理秩序、国家安全与公众道德以及其他触及社会底线的言论，司法局有权取消其注册资格，剥夺其参与诉讼或非诉业务的资格与权利。

上海发展涉外仲裁业务的优势、劣势、机遇与风险

基于上述指标体系，笔者主要探索如何通过政策的颁布与法律的实施，充分运用涉外仲裁业务的优势，解决涉外仲裁业务的劣势，抓住涉外仲裁业务所面临的机遇，规避涉外仲裁业务所面临的风险。

（一）上海发展涉外仲裁业务的优势

当前上海发展涉外仲裁业务具有良好的现实基础与制度支撑，尤其是在充分发挥与利用涉外仲裁业务发展的基础、全面打造涉外仲裁业务新平台方面取得了长足的进步，这不仅体现在仲裁机构数量众多、各自特点较为鲜明上，还表现为中央与上海相继发布的旨在打造亚太仲裁中心的一系列重要政策。例如，允许境外仲裁机构入驻自贸区新片区等。

1. 涉外仲裁机构的数量与类型

当前，上海仲裁机构主要有 4 家，分别为上海国际经济贸易仲裁委员会（以下简称"上海国际仲裁中心"）、中国贸易仲裁委员会上海分会、上海仲裁委员会与中国海事仲裁委员会上海分会。

以上海国际仲裁中心为例，该中心自 2013 年从中国贸易仲

裁委员会独立运作并完成了名称登记事项的变更，2018 年 12 月入选最高人民法院"一站式"国际商事纠纷多元化解决机制的首批仲裁机构。根据相关统计，2019 年至 2021 年，上海国际仲裁中心共受理涉外案件 386 件，争议金额人民币 151.8 亿元，其中争议金额超过人民币 3 亿元的案件 13 件。在涉外案件方面，2020 年，上海国际仲裁中心数量占上海地区各仲裁机构涉外案件总数的 64%，2021 年占总数的 66%，两年均占上海地区各仲裁机构涉外案件争议金额的 80% 以上。自设立以来，涉案当事人遍及全球 85 个国家和地区，包括除我国之外的 46 个"一带一路"国家和 14 个 RCEP 国家，涉及美国、西班牙、巴西、日本等多个国家。在仲裁员的组成方面，上海国际仲裁中心新一届《仲裁员名册》的仲裁员为 1115 名，外籍及港澳台仲裁员为 361 名，占比 32.38%；仲裁员来自全球 80 个国家和地区，其中"一带一路"国家 38 个。过去 3 年中，平均每年有 32 人次的境外仲裁员被上海国际仲裁中心指定为仲裁员。在机构设置方面，该中心还设立了多个服务国家经贸外交战略的专业平台。例如，中非联合仲裁上海中心、金砖国家争议解决（上海）中心、中国（上海）自由贸易试验区仲裁院、上海国际航空仲裁院、数据仲裁中心。其中，中国（上海）自由贸易试验区仲裁院发布全国首部自贸区仲裁规则，至 2021 年底，该仲裁院共受理涉上海自贸试验区争议仲裁案件 1169 件，争议总金额近人民币 300 亿元。[1]

以上海仲裁委员会为例，相比于上海国际仲裁中心，该委员会处理涉外案件的数量相对较少，且相比于上海国际仲裁中

---

[1] 参见 https://www.shiac.org/pc/SHIAC，最后访问日期：2022 年 11 月 1 日。

心偏重处理涉外领域以及融资租赁、航空服务、能源与环境权益等新型案件。上海仲裁委员会侧重于处理金融、知识产权、房地产与建筑工程以及国际航运等传统商事纠纷领域的仲裁案件。该委员会特设金融仲裁院、知识产权仲裁院以及国际航运仲裁院三个专业仲裁院。因此，上海仲裁委员会与上海国际仲裁中心历经多年发展，基本形成了错位竞争的发展态势。2021年1月，上海出台了全国首个主流仲裁机构退出事业单位体制的改革方案——《上海仲裁委员会深化改革总体方案》，明确改革后的上海仲裁委员会退出事业单位序列，注销事业编制，成为市政府组建、由市司法局登记管理、面向市场提供仲裁服务的非营利法人。同年8月，改选后的新一届委员会由15名境内外仲裁专家组成，初步建立起国际化的现代法人治理结构，实行决策权、执行权、监督权相互分离、有效制衡的治理机制。[1]

以中国国际经济贸易仲裁委员会上海分会为例，该分会于2014年由中国国际经济贸易仲裁委员会重组，重组后的上海分会作为中国国际经济贸易仲裁委员会的分支机构，依据《中国国际经济贸易仲裁委员会仲裁规则》的规定履行业务职能，只能管理当事人约定将争议提交至上海分会仲裁的案件。如果合同双方约定将争议提交至中国国际经济贸易仲裁委员会仲裁，那么应当由北京总部进行仲裁。因此，中国国际经济贸易仲裁委员会在上海开展的涉外案件相对较少。但中国国际经济贸易仲裁委员会作为一个整体而言，无疑是我国涉外仲裁市场中规模最大，国际知名度最高的仲裁机构。例如，2021年，贸仲受理案件4071件，国内案件3435件，涉外案件636件（占比

---

[1] 参见 http://www.accsh.org，最后访问日期：2022年11月2日。

15.6%），双方均为境外当事人案件 61 件（占比 1.5%），涉"一带一路"案件 136 件（占比 3.3%）。争议金额总计人民币 1232.0937 亿元。其中，涉外案件争议金额人民币 573.5222 亿元，占总争议金额 46.55%，个案平均争议金额达人民币 9017.64 万元；双方均为境外当事人的案件争议金额人民币 36.6067 亿元，占总争议金额的 6.38%。因此，尽管中国国际经济贸易仲裁委员会受理的涉外案件在总量占比上偏低，但是在争议金额占比上较高。[1]

再以中国海事仲裁委员会上海总部为例，上海总部由"中国海事仲裁委员会上海分会"更名而来，与北京总部相呼应，形成中国海仲"北京+上海"南北双总部发展格局，在国内率先探索国际仲裁机构双总部发展管理新模式。中国海事仲裁委员会作为以解决海事海商、交通物流争议为特色的全国性、国际化仲裁机构，曾被最高人民法院确定为首批纳入"一站式"国际商事纠纷多元化争议解决机制的国际商事仲裁机构。近年来，中国海事仲裁委员会上海总部与上海海事法院、南京海事法院积极开展合作与对接，就海上、通海水域货物运输合同纠纷等类型的海事纠纷案件，海事法院可以委派、委托、邀请中国海仲上海总部进行调解。[2]

除了本地四家仲裁机构之外，还有四家仲裁机构在上海自贸试验区设立了代表机构，分别为香港国际仲裁中心、国际商会仲裁院、新加坡国际仲裁中心、韩国商事仲裁院代表处，上海已成为国内仲裁机构数量最多、仲裁资源最丰富的城市。而

---

〔1〕 参见《贸仲委 2021 年工作报告》，载 http://www.cietac.org，最后访问日期：2022 年 11 月 2 日。

〔2〕 参见 http://www.cmac.org.cn，最后访问日期：2022 年 11 月 2 日。

在知识产权领域，世界知识产权组织（WIPO）仲裁与调解中心获批在上海自贸试验区设立业务机构，并于2020年10月正式启动运营，成为首家国际组织仲裁机构在我国境内登记设立的仲裁业务机构。作为一家中立性、国际性、非营利性的争议解决机构，WIPO国际仲裁与调解机构主要处理涉外知识产权争议案件，提供多种经济高效的替代性争议解决（ADR）服务，使私人主体之间可通过诉讼以外的方式，有效地解决国内或跨境知识产权和技术争议。截至2022年7月底，世界知识产权组织（WIPO）仲裁与调解上海中心共收案48件，已结案45件，其中调解成功17件。[1]

2. 涉外仲裁业务的制度保障与政策支持

2015年，《国务院关于印发进一步深化中国（上海）自由贸易试验区改革开放方案的通知》，首次提出上海要加快打造面向全球的亚太仲裁中心，进一步对接国际商事争议解决规则，优化自贸试验区仲裁规则，支持国际知名商事争议解决机构入驻，提高商事纠纷仲裁国际化程度。探索建立全国性的自贸试验区仲裁法律服务联盟和亚太仲裁机构交流合作机制。

2019年，上海市委、市政府发布《关于完善仲裁管理机制，提高仲裁公信力，加快打造面向全球的亚太仲裁中心的实施意见》，作为国内首个关于仲裁的省级中大型改革文件，该意见主要从完善仲裁工作管理体制，推进仲裁行业有序开放，完善仲裁与诉讼、调解衔接机制等方面提出具体改革措施，强调应加快建设亚太仲裁中心。着力加强仲裁制度创新供给，着力加大

---

[1] 参见《外资企业在上海遇到"老赖"国际仲裁机构与上海法院联手出招》，载 https://export.shobserver.com/baijiahao/html/513208.html，最后访问日期：2022年11月2日。

仲裁专业人才培养，着力提升仲裁行业的国际化水平，充分激发仲裁机构发展动力和活力，不断满足社会对优质高效仲裁服务的需求。同年，《中共上海市委、上海市人民政府关于支持浦东新区改革开放再出发实现新时代高质量发展的若干意见》，明确提出推动上海国际争议解决中心落户自贸试验区，鼓励国内外仲裁、法律服务等相关机构入驻，打造国际商事、国际海事、国际投资等领域的争议解决平台。"上海国际争议解决中心"正式投入使用，国际商会（ICC）上海代表处、新加坡国际仲裁中心上海代表处和上海仲裁协会已入驻该中心。

2021年，上海市委印发的《法治上海建设规划（2021—2025年）》明确提出，推进仲裁行业有序开放，增强上海仲裁业整体实力和国际影响力，面向全球的亚太仲裁中心初具规模。以上海金融法院、金融仲裁院等为载体，提升涉外金融审判和仲裁国际化水平。建设国际海事司法中心、亚太海事仲裁中心，积极打造海事纠纷解决优选地。探索建设金融法治试验区。实施知识产权侵权惩罚性赔偿制度，强化知识产权保护，加快建设中国（上海）知识产权中心，推动世界知识产权组织仲裁与调解上海中心开展仲裁、调解业务。

2022年，上海市委、市政府办公厅印发了《关于支持打造面向全球的亚太仲裁中心提升城市软实力的若干措施》，提出培育国际一流仲裁机构、打造仲裁对外开放合作高地、构建仲裁法律服务生态圈、优化仲裁发展支持政策、营造良好法治保障环境、建设高水平仲裁人才高地等6个方面20项具体举措。

另外，上海市司法局也在2019年发布了《境外仲裁机构在中国（上海）自由贸易试验区临港新片区设立业务机构管理办法》，率先允许境外仲裁机构在临港新片区设立业务机构，突破了境外仲裁机构在我国开展仲裁业务的禁区。明确符合规定条件的，在外国和我国香港、澳门特别行政区，台湾地区合法成立的，不以营利为目的的仲裁机构，以及我国加入的国际组织设立的开展仲裁业务的机构，均可以向上海司法局申请在临港新片区设立业务机构；业务机构可以受理国际商事、海事、投资等领域发生的民商事争议，开展涉外争议的庭审、听证、裁决、案件管理和服务，以及业务咨询、管理、培训、研讨等仲裁业务。

（二）上海发展涉外仲裁业务的劣势

当前，上海仲裁的国际影响力与竞争力严重不足，集中体现在上海仲裁品牌与仲裁机构在国际上缺乏认可度与知名度；与新加坡发展涉外仲裁以及广东搭建粤港澳国际商事仲裁平台的实践相比，在人才培养、制度创新、政府支持与司法保障等方面存在一定的差距。

1. 国际仲裁调查报告的结果以及上海的排名

根据英国伦敦玛丽女王大学和美国伟凯律师事务所于 2021 年 5 月共同发布的《2021 国际仲裁调查报告》，[1]90% 的受访者认为，国际仲裁是解决跨境纠纷的首选方法，或单独进行仲裁（31%），或与其他多元化争议解决方式相结合（59%），4% 的受访者选择了单独采取多元化争议解决方式或跨境诉讼（两者比例相当），6% 受访者选择了采取诉讼与多元化争议解决方式相结合的方式。因此，与其他多元化争议解决方式相结合进行仲裁是目前最受欢迎的跨境争议解决机制，相比于 2018 年的49% 与 2015 年的 34% 有了较大提升。

---

[1] 参见 http://ccoic.cn/cms/content/28742，最后访问日期：2022 年 11 月 1 日。

当前，五个最受欢迎的仲裁地是伦敦、新加坡、我国香港特别行政区、巴黎和日内瓦。其中各有54%的受访者选择了在伦敦与新加坡仲裁，有50%的受访者选择在我国香港特别行政区仲裁，35%的受访者选择在巴黎仲裁，13%受访者选择现在日内瓦仲裁，12%受访者选择在纽约仲裁，12%受访者在北京仲裁，8%受访者在上海仲裁，6%受访者在斯德哥尔摩仲裁，5%受访者在迪拜仲裁。相比于2015年与2018年的报告，前五大最受欢迎的仲裁地没有太大的差异，伦敦在2018年的报告中就排名第一，即使英国脱欧并未明显影响其受欢迎的程度。而新加坡与我国香港特别行政区进步显著，在2018年的报告中，新加坡排名第三，被39%的受访者选为最受欢迎仲裁地，2015年排名第四，被19%的受访者选择。我国香港特别行政区在2018年排名第四，被28%的受访者选择，2015年排名第三，被22%的受访者选择。仲裁地受欢迎的程度与当地仲裁机构的影响力以及知名度有关。受访者认为，新加坡国际仲裁中心的存在是他们选择新加坡仲裁的重要因素，受"一带一路"倡议的影响，受访者更愿意将国际贸易纠纷交由当地的仲裁机构进行仲裁，尤其是大型商业项目的纠纷，这也是新加坡与我国香港特别行政区仲裁近年来排名提高的重要原因。相比之下，部分欧洲的仲裁案件数量逐步减少，伦敦从2018年被64%受访者选择，降低至2022年的54%，但依然保留了排名第一的位置；巴黎下降趋势同样明显，从2018年排名第二，被53%受访者选择，到2022年排名第四，被35%受访者选择；日内瓦也保留了第五的位置，但被受访者选择的比例从2018年的26%降至2022年的13%。

考虑到受访者来自不同的国家与地区，该报告还分区域进行了排名，最受欢迎仲裁地的国际排名与市场份额如下：在非洲，日内瓦（32%）、香港特别行政区（18%）、伦敦（69%）、巴黎（67%）、新加坡（46%）；在亚太地区，北京（19%）、香港特别行政区（71%）、伦敦（50%）、巴黎（15%）、新加坡（74%），在加勒比与拉美地区，日内瓦（19%）、纽约（54%）、巴黎（64%）、圣保罗（21%）、新加坡（19%）；在欧洲，日内瓦（30%）、香港特别行政区（26%）、伦敦（76%）、巴黎（67%）、新加坡（37%）；在中东地区，日内瓦（29%）、香港特别行政区（27%）、伦敦（78%）、巴黎（63%）、新加坡（48%）；在北美地区，香港特别行政区（25%）、伦敦（66%）、纽约（46%）、巴黎（55%）、新加坡（38%）。尽管伦敦仲裁的市场受欢迎程度依然排名第一，但在个别区域，例如加勒比与拉美地区，已经不再进入前五位，在亚太地区也已被新加坡等超越，只能位列第三，超越幅度均高于20%。而新加坡与巴黎等在所有的区域都能进入前五位。

最受青睐的五个仲裁机构是国际商会、新加坡国际仲裁中心、香港国际仲裁中心、伦敦国际仲裁中心和中国国际经济贸易仲裁委员会。受访者选择的比例为国际商会（57%），新加坡国际仲裁中心（49%）、香港国际仲裁中心（44%）、伦敦国际仲裁院（39%）。在过去的十年之中，上述仲裁机构始终位列全球排名前四，而在2022年的报告中，中国国际经济贸易仲裁委员会（17%）首次出现在排名前五的范围之内，全球前十名中的其他机构是：国际投资争端解决中心（11%）、瑞典斯德哥尔摩商会仲裁院（7%）、美国仲裁协会国际争议解决中心（6%）、海牙常设仲裁法院（5%）、伦敦海事仲裁委员会协会（5%）。相比于2015年与2018年的报告，新加坡国际仲裁中心的受欢迎程度就高速攀升，在本次调查中排名第二，香港国际仲裁中心的进步也十分显著，在本次调查中排名第三。随着香港国际仲裁中心与新加坡中心市场份额的提高，伦敦国际仲裁院与国际商会的受欢迎程度有所降低，伦敦国际仲裁院从2018年的第二位下降至如今的第四位，国际商会被受访者选择的比例从2018年的77%降低至如今的57%。

访谈证实，选择机构的主要动因包括机构的总体声誉以及受访者在该机构的过往经历。但是，受访者透露，在特定情况下，将扩大可能考虑的机构列表。例如，根据特定争议的潜在价值，他们将愿意考虑提供较有竞争性的费用但知名度较低的机构。机构能提供的仲裁员名单的深度和广度也是受访者强调的一个因素。一些受访者还提到，机构人员和顾问团队的素质和裁决的一致性可能会影响他们对机构的选择。尽管这些因素本身并不能取代声誉和认可机构的一般因素，但受访者认为在选择机构时会有多重考虑和影响因素存在。

就地区受欢迎程度而言，排名前三的仲裁机构，国际商会、新加坡国际仲裁中心、香港国际仲裁中心在所有地区中依然排名较高。国际商会在所有地区中均排名第一，除了在亚太地区，该仲裁机构被新加坡国际仲裁中心超越，而新加坡国际仲裁中心在所有地区都排名前五，伦敦国际仲裁院在除亚太分地区之外的所有地区均排名第二。还有部分仲裁机构尽管在全球的排名中无法位列前十，但是其在所在地区的排名中位列前十。因此，仲裁机构的地域性也是影响受访者选择的重要因素，例如欧洲的 VIAC 与 DIS，北美的 JAMS 与 AAA/ICDR，中东的 DIAC，以及非洲的拉各斯仲裁法庭等。

综上，尽管上海入选全球最受欢迎的十大仲裁地，但仅仅位列第八，落后于北京，只有8%的受访者选择在上海进行仲裁。在亚太地区，上海仲裁的影响力也较弱，未能入选地区前五。相比之下，有 19% 的受访者考虑将北京作为仲裁地，而且上海本土仲裁机构也未能入选全球受欢迎程度前五的行列。相比之下，位于北京的中国国际经济贸易仲裁委员会入选了最受青睐的五个仲裁机构的名单，而中国国际经济贸易委员会上海分会仅仅是其派出机构而已，如果当事人在合同中并未特别约定将争议交由上海分会仲裁，那么依然由北京总部仲裁，这也导致大量发生在上海的涉外商事纠纷案件流失至北京，而非依据就近原则在上海进行仲裁。从整体上看，不管是上海还是北京，与香港特别行政区、新加坡国际仲裁中心之间均存在较大差距，无论是在最受欢迎仲裁地还是仲裁机构的名单之中，香港特别行政区与新加坡都位列前三；在各地区受欢迎程度名单中，相比于 2015 年与 2018 年，香港特别行政区与新加坡仲裁机构在 2022 年的排名也大幅提升，尤其是在亚太地区，而在其他区域（除了加勒比与拉丁美洲区域）的影响力也逐步提高。相比之下，伦敦、巴黎与瑞士的相关仲裁机构的市场份额有所减少，受欢迎程度也有所降低。因此，香港特别行政区与新加坡仲裁业务的发展经验值得上海予以借鉴。

另一份国内的仲裁调研报告也基本印证了这一结论与观点。根据中国国际经济贸易仲裁委员会与北京市君泽君律师事务所共同发布了《2022 年度中国企业"走出去"仲裁调研报告》，[1]中国企业"走出去"过程中的纠纷地域以东南亚、港澳台地区、欧洲和北美地区为主。70% 的受访企业会在涉外合同中约定仲

---

〔1〕 参见 http：//www. legaldaily. com. cn/Company/content/2022 - 09/14/content_ 8780946. htm，最后访问日期：2022 年 10 月 15 日。

裁条款，86%的受访企业表示会在"走出去"过程中选择仲裁作为争议解决方式。最常选择的国际仲裁机构排名中，中国贸仲、香港国际仲裁中心以及新加坡国际仲裁中心位列前三。其中，也没有上海本地仲裁机构的身影。根据一项统计，我国仲裁机构处理国际仲裁（涉外仲裁）案件能力较为匮乏。以2018—2020年统计为例，全国仲裁案件总数约为142万件，涉外仲裁案件约8100件，占比仅为0.6%。纯粹的国际性商事纠纷几乎不会选择在中国境内仲裁解决，大量与中国相关的涉外仲裁案件也在境外审理并裁决。[1]

2. 新加坡发展涉外仲裁的实践及其与上海的比较

作为全球重要的航运、航空与金融中心，新加坡优越的地理位置及便捷的交通运输体系导致其国际贸易蓬勃发展，跨境法律纠纷频繁发生，对于国际仲裁的需求也与日俱增，这也为国际仲裁中心的发展提供了良好的条件。当然，新加坡国际中心的建成离不开政府部门与司法机关在软硬件层面的大力支持。从新加坡涉外仲裁的发展经历来看，早期由新加坡政府出资建设新加坡麦斯威尔仲裁大厦，吸引国际知名仲裁机构入驻，并给予相应的优惠租金。并且，成立新加坡国际仲裁中心，邀请世界各地的知名专家担任机构仲裁员，并为相关仲裁员提供出入境、移民与税收方面的政策优惠。作为国际知名的仲裁友好地，新加坡法院对涉外仲裁裁决的承认与执行持有积极的态度，在双方都有仲裁意向的前提下，法院积极促进双方通过仲裁解决争端，充分尊重仲裁庭的专业判断与仲裁参与方的自主权，

---

〔1〕 参见《为公正高效解决国际经济纠纷提供"中国平台"》，载 https://baijiahao. baidu. com/s? id = 1735990986271429470&wfr = spider&for = pc，最后访问日期：2022 年 11 月 1 日。

敦促当事人双方遵守仲裁协议，促使仲裁程序的完结，不会轻易拒绝执行外国仲裁裁决，不得作出不利于国际仲裁程序的决定。新加坡政府部门与司法机关相互协同，旨在为涉外仲裁的发展营造良好的营商环境。

在涉外仲裁法律框架的构建方面，新加坡曾经颁布了专门的《国际仲裁法》(IAA)，以独立于原有国内的《仲裁法》(AA)。事实上，两法在制定过程中均参考了《联合国国际贸易法委员会国际商事仲裁示范法》，且在修改完善进程中始终协同联动；唯一的区别在于 AA 保留了法院对于仲裁裁决的实体审查，而 IAA 则与示范法保持一致，更多地将法院的监督权限定于程序审查的范畴，仅限于必要的支持与协助，从而尽可能摆脱或者减少不必要的司法干预，维护仲裁裁决的权威性与终局性。在此种双轨制的仲裁法体系下，完全依据当事人之间的约定与意愿以决定究竟是适用 IAA 还是 AA，只要当事人在仲裁协议中约定的仲裁地在当事人营业所在国以外的国家，或者当事人约定其仲裁协议标的与一国以上的国家有联系的情形，均可被认定属于国际仲裁，而适用 IAA。另外，IAA 的大多数条款都增设了诸如"除非当事人另有约定"或"当事人可自由约定"的表述，在仲裁条款适用与仲裁程序选择等环节最大限度地赋予了合同当事人以意思自治。

新加坡国际仲裁中心的发展与其他替代性纠纷解决机制的完善是密不可分的。新加坡政府针对替代性纠纷解决机制的发展专门成立了 ADR 小组，并在法院、政府部门、行业协会、社区、消费者协会等成立了纠纷解决中心，如新加坡金融业纠纷解决中心、新加坡劳动争议解决中心及相关社区争议解决中心等，都可以为国内外相关当事人提供非诉争议解决途径。

相比之下，上海发展涉外仲裁的劣势在于，仲裁庭人员的国际化程度严重不足，境外仲裁员占比较低。例如，上海国际仲裁中心聘请的外籍与港澳台仲裁员占比仅为 32.8%，该比例尚需进一步提高。上海仲裁委员会面临同样的问题，根据其在 2022 年 3 月颁布的仲裁员名册，总计 1748 名仲裁员中包括了 386 名境外仲裁员，占比仅仅约为 22.1%。根据中国海事仲裁委员会颁布的最新仲裁员名册，在总计 826 名仲裁员中，仅包括 18 名香港、澳门与台湾地区的仲裁员，103 名外籍仲裁员。只有中国国际经济贸易仲裁委员会聘请的境外仲裁员占比较高，其新一届仲裁员名册共有仲裁员 1698 名。其中，中国内地仲裁员有 1215 名，港澳台及外籍仲裁员有 483 名，分别来自 85 个国家和地区。其中，"一带一路"沿线国家从 28 个增至 47 个，境外仲裁员占比约为 39.8%。造成此种现状的原因不仅可以归结为我国《仲裁法》对仲裁员任职资质与执业年限设定了较高的限制条件，也与当前上海对境外仲裁员开展执业的激励措施不够完善紧密有关。关于这一点，笔者将在下文进一步展开。另外，国际仲裁制度的发展依然受《仲裁法》的限制，尚未实现实质性的制度创新与突破，上海司法局与仲裁机构也未采取相应措施推动临时仲裁落地，上海国际仲裁中心出台的临时措施、合并仲裁与友好仲裁制度同样未能在所有仲裁机构推广，这与新加坡国际仲裁在仲裁法律适用与仲裁程序选择等环节最大限度地尊重当事人的意思自治的实践存在较大差距，制度受限与观念滞后影响了上海涉外仲裁品牌在国际上的知名度、影响力与竞争力。

3. 香港特别行政区发展涉外仲裁的实践及其与上海的比较

香港国际仲裁中心的建立同样依赖于稳定的营商环境，例如政府对于货物的进出口贸易采取低税率乃至零税率政策，以及宽松的金融监管措施。当然，最重要的保障还是其日渐完善的涉外仲裁法律制度，例如《香港特别行政区仲裁条例》。而政府机构与司法机关，例如香港特区政府律政司、各级别的法院，以及相关仲裁与调解机构也普遍支持国际仲裁，为仲裁的实施与执行创造了良好的前提条件。在涉外仲裁的人才培养方面，香港特别行政区也具有先天优势。相比于我国大陆法系的教育模式，香港特别行政区所秉承的英美法传统更加适应涉外国际仲裁的发展趋势与时代特征，具有大量跨中西文化与法律背景的双语法律人才为香港建立国际仲裁中心提供了重要的人力资源储备与支撑条件。

香港国际仲裁中心的建设也离不开内地司法机关的大力支持。早在 2000 年，内地和香港特别行政区就达成了《最高人民法院关于内地与香港特别行政区相互执行仲裁裁决的安排》，该安排参考了《纽约公约》的基本规则，明确了内地和香港特别行政区之间对仲裁裁决相互承认与执行的制度安排。2019 年，内地又与香港特别行政区签订了《最高人民法院关于内地与香港特别行政区法院就仲裁程序相互协助保全的安排》，以支持涉外纠纷当事人更多地将香港特别行政区作为仲裁地，确保香港特别行政区仲裁程序中的保全措施在内地更加便利地实现。2020 年，《最高人民法院关于人民法院服务保障进一步扩大对外开放的指导意见》。该意见第 9 条明确提出，支持香港特别行政区建设亚太区国际法律及争议解决服务中心，联动打造粤港澳大湾区国际法律服务中心和国际商事争议解决中心。2021 年，《最高人民法院关于内地与香港特别行政区相互执行仲裁裁决的补充安排》，就内地与香港特别行政区法院在受理仲裁裁决申请之前或之后的保全行为与强制措施作出了补充规定。在内地司法机关颁布的一系列仲裁裁决承认与执行规范性文件的支持下，香港国际仲裁中心受到在内地发生涉外法律纠纷当事人的青睐。

相比之下，上海政府与司法机关对于涉外仲裁的重视程度有待进一步提高，尚未全面构建调解、仲裁与诉讼等相关涉外法律服务集聚地"一站式"多元化纠纷解决平台，通过发挥仲裁的集聚效应，推动仲裁、调解与商事诉讼等相关法律服务的联动发展，从而为全世界相关当事人提供综合性商事争议纠纷解决机制。香港特别行政区发展涉外仲裁的历史经验证明，在国际仲裁中心发展初期，政府与司法机关的支持政策是仲裁发展的必要性条件。仲裁毕竟是一种民间纠纷解决方式，政府需要在不干预仲裁内部运作的前提下进行支持与引导，例如对于仲裁机构的入驻给予财政补贴，颁布优惠的税收政策。司法机关也应充分尊重仲裁协议当事人的意思自治，积极促使当事人通过仲裁程序解决纠纷，并且保障各级法院对于涉外仲裁裁决的承认与执行。

换而言之，以政府主导与司法机关支持的方式构建涉外仲裁生态圈是打造国际商事仲裁中心的重要路径。海商法知名学者司玉琢教授曾提出"国际仲裁中心不是建成的，而是形成"的观点，[1]认为要建设国际商事仲裁中心，除了硬件方面要达标之外，必须要在软件配套方面给予高度重视。因此，一方面，上海国际仲裁中心的构建应积极借鉴我国香港特别行政区与新加坡的经验与做法；另一方面，上海也应立足于自身的品牌特

---

〔1〕 参见《为全球海运争议解决增加"中国元素"》，载 https://baijiahao.baidu.com/s? id=1707763033777754228&wfr=spider&for=pc，最后访问日期：2022 年 11 月 1 日。

色，在我国现行的法律体系框架下构建符合中国国情的涉外仲裁平台与法律制度。

4. 广东搭建粤港澳国际商事仲裁平台的实践及其与上海的比较

广东大力推动深圳、珠海与广州与香港、澳门等地加强合作，积极构建粤港澳国际商事仲裁合作平台。

在建立国际商事多元化纠纷解决机制层面，根据中共中央、国务院印发的《全面深化前海深港现代服务业合作区改革开放方案》，探索完善前海合作区内适用香港特别行政区法规和选用香港特别行政区作仲裁地解决民商事案件的机制。建设诉讼、调解、仲裁既相互独立又衔接配合的国际区际商事争议争端解决平台。允许境外知名仲裁等争议解决机构经广东省政府司法行政部门登记并报国务院司法行政部门备案，在前海合作区设立业务机构，就涉外商事、海事、投资等领域发生的民商事争议开展仲裁业务。探索在前海合作区开展国际投资仲裁和调解，逐步成为重要国际商事争议解决中心。深圳国际仲裁院早在2013 年就牵头创建了粤港澳仲裁调解联盟，集合粤港澳三地 18 家主要商事仲裁调解机构，创设"港澳调解+深圳仲裁+跨境执行"的跨境商事争议解决模式。除此以外，《国务院关于印发广州南沙深化面向世界的粤港澳全面合作总体方案的通知》也提出，健全多元化纠纷解决机制，搭建一站式民商事纠纷解决系统平台，促进诉讼与仲裁、调解等多元化纠纷解决方式信息互通、有机衔接。

在吸引境外仲裁机构入驻的层面，《深圳市前海深港现代服务业合作区管理局关于支持前海深港国际法务区高端法律服务业集聚的实施办法（试行）》，对于包括仲裁机构在内的众多国际法律组织给予专项财政补助。该办法第 11 条规定："经过行业主管部门批准在前海合作区设立的国际法律组织（不含境外律师事务所），可以申请一次性 30 万元的落户支持。"第 12 条规定："在前海合作区落户并实际运营的法律服务机构，聘用港澳法律专业人士的，按照截止申报时每一名被聘用并实际开展业务的港澳法律专业人士每年 3 万元的标准，给予机构用人支持；每家机构每年支持不超过 100 万元，支持期限不超过 3 年。聘用并实际开展业务的港澳法律专业人士达到 30 人以上的用人机构，一次性叠加支持 20 万元。"第 13 条规定："法律服务机构为行政机关、法定机构、企事业单位及境外企业的重大商事谈判、诉讼、仲裁、调解、合规、知识产权保护等涉外法律服务事项作出突出贡献，挽回或获得重大权益，在国内外产生较大影响，且被司法部等国务院相关部门或全国性行业协会向全国表彰推广的，可以给予每个项目一次性 20 万元高端法律服务支持，每个法律服务机构每年度最高可以给予 40 万元支持。"第 15 条第 2 款规定："经业务主管部门批准在前海合作区新设立或新迁入的仲裁、公证、司法鉴定、法律查明、商事调解、合规等机构，可以给予一次性 50 万元的落户支持。"除此以外，对入驻前海国际仲裁大厦的国际法律组织给予租金减免等物业支持。

在国际仲裁合作平台的构建层面，《横琴粤澳深度合作区建设总体方案》明确提出，逐步构建民商事规则衔接澳门、接轨国际的制度体系；建立完善国际商事审判、仲裁、调解等多元化商事纠纷解决机制。在合作区建设总体方案的框架下，珠海国际仲裁院、澳门世界贸易中心仲裁中心、澳门律师公会仲裁中心、澳门仲裁协会在横琴签署《共建珠澳跨境仲裁合作平台协议》，开通启用珠澳跨境仲裁合作平台在线办案系统，允许在深度合作区范围内使用中文、葡文、英文多语种解决纠纷，并且办理临时仲裁案件，对接国际贸易纠纷解决规则体系。为此，横琴颁布了《横琴自由贸易试验区临时仲裁规则》（以下简称《横琴规则》）。作为国内首部临时仲裁规则，《横琴规则》突破了我国《仲裁法》尚未承认临时仲裁，而仅仅认可机构仲裁的法律限制。相比于机构仲裁，《横琴规则》所确立的临时仲裁更加尊重当事人的选择权利，给予了仲裁庭更为宽泛的自由裁量权，具体内容将在下文展开。珠海国际仲裁院也颁布了《珠海国际仲裁院服务横琴粤澳深度合作区建设实施方案》，分别从共建跨境仲裁合作平台、深化仲裁机构改革、建立国际化仲裁机制（例如，紧急仲裁员制度、仲裁庭临时措施的决定权等制度创新）、探索民商事法律制度的衔接等方面提出了服务横琴粤澳深度合作区建设的具体措施，指引在合作区仲裁活动中适用内地或澳门法律解决民商事争议。

总而言之，广东在搭建粤港澳国际商事平台的实践比上海的起步更早，开放幅度更大，并且利用地理优势对接香港与澳门，在多元化纠纷解决机制层面，积极构建融合诉讼、仲裁与调解等相关职能的"一站式"纠纷解决平台与仲裁调解联盟。相比之下，上海仅仅在临港地区创建了"一站式"纠纷解决平台，尚未在全市范围内推广应用；虽然牵头成立了长三角仲裁一体化发展联盟，但合作对象仅限于境内的仲裁机构。在积极吸引境外仲裁机构入驻层面，深圳前海主要根据国际法律组织雇佣港澳法律专业人士的人数与相关社会贡献分别给予一次性落户支持与物业支持。相比之下，上海临港新片区虽然允许境外仲裁机构的设立，但出台激励机制与政策优惠相对单一，根据《中国（上海）自由贸易试验区临港新片区促进法律服务业发展若干政策》，在临港新片区设立业务机构的国际商事海事仲裁机构、调解机构等争议解决机构,可申请一次性专项奖励100万元。但该奖励仅仅为一次性落户支持,缺乏后续聘用外籍人士的财政激励。在仲裁合作平台的构建层面,横琴以深度合作区的开发与建设为契机,旨在开发跨境合作平台在线办案系统,实现临时仲裁规则、紧急仲裁员制度、仲裁庭临时措施的决定权等制度创新。相比之下,上海本地仲裁机构尚未颁布自贸区或新片区临时仲裁规则,未能充分落实《最高人民法院关于为自由贸易试验区建设提供司法保障的意见》的精神与突破《仲裁法》关于临时仲裁的限制。

(三) 上海发展涉外仲裁业务的机遇

根据《2021国际仲裁调查报告》,在关于仲裁地选择的问题中,受访者列举了90多个不同的仲裁地。这表明,尽管最受欢迎的仲裁地获得了最多的票数,但其他仲裁地仍有空间提升其吸引力。调查者要求受访者指出,除了他们选择的仲裁地以外,哪些举措可以使其他仲裁地更具吸引力。受访者选择最多的是"地方法院和司法机构对仲裁提供更大的支持"(56%),紧随其后的是"增加当地法律体系的中立性和公正性"(54%)和"在执行仲裁协议和仲裁裁决方面的更好的记录"(47%)。其他选择的还有"执行紧急仲裁员的决定或仲裁庭采取的临时措施的能力"(39%),"地方法院能够远程处理与仲裁有关的事项的能力"(28%),"允许裁决使用电子签名"(14%),"司法辖区的政治稳定性"(9%)和"司法辖区允许第三方资助"(8%)。这些建议反映了已被认为对用户最重要的仲裁地所具备的系统法律特征。这遵循了在2018年调查中被访者认为在选择仲裁地时最重要的指标,是确定用户偏好的长期质量标志。其中包括地方法院对仲裁的支持，地方司法机构的中立和公正性以及良好的执行记录。当特定的仲裁地已经具备了这些特征时，受访者可能会考虑其他因素从而影响其选择。特别是，人们似乎越来越希望仲裁地的司法和/或政治设施能够快速适应不断变化的用户需求，例如实现技术进步以保持程序效率和有效性的能力例如，要求地方法院能够远程处理与仲裁有关的事宜，以及允许电子方式签署裁决，这些都是在疫情前较少受到关注的问题。根据最近的经验，用户现在更加重视它们。

　　而关于哪些适应措施会使其他机构或仲裁规则对用户更具吸引力的问题，《2021 国际仲裁调查报告》调查者要求受访者指出哪些调整将使其他仲裁机构或仲裁规则更具吸引力。考虑到疫情，也许不足为奇的是，排名最高的选择（38%）是"网上开庭的行政/后勤支持"，其次是"致力于提供更多元的仲裁员名单"（32%）和"管理程序和决定的透明度，例如对仲裁员的选择和异议"（29%）。25%至 20%的受访者选择的其他选项包括"提供快速程序"（25%），"针对复杂和多方仲裁的更量身定制的程序"（24%），"允许仲裁员决定网上开庭或现场开庭的条款"（23%），"对仲裁员造成的延误的费用制裁"（21%），"赋予仲裁员广泛的案件管理权的规则，包括对当事方和律师行为的严厉制裁的权利"（21%），"安全的电子文件提交和分享平台"（20%），"无关紧要索赔摘要的提交与撤销"（18%），"紧急仲裁庭"（13%）与"其他"（6%）。

　　提炼上述调研报告中影响最受欢迎仲裁地与仲裁机构的重要因素与核心内容，不难发现，发展上海涉外仲裁服务的主要目标与具体路径主要集中在：提高仲裁庭人员组成的多元化与人才培养力度，加强互联网技术的应用、精简程序以提高仲裁效率，及时更新仲裁条款，从而与国际接轨、加强政府支持与司法保障等多个领域。

1. 提高仲裁庭人员组成的多元化与人才培养力度

仲裁庭人员组成的多元化与仲裁本身的公信力密不可分，仲裁员应具有丰富仲裁经验以及灵活运用仲裁规则推进仲裁进程的能力。因此，仲裁庭应致力于加强对仲裁人员的绩效管理。根据《2021 国际仲裁调查报告》，根据争议的性质与价值，争议当事人可能会选择非知名的机构（例如位于新兴仲裁中心的司法辖区的机构）甚至是新进入市场的机构。他们解释说，对此类机构的信任可以形成更大程度的多样性，特别是在这些机构可能建议不同的仲裁员名单的情况下。这可能包括那些尚未在国际范围享有较高知名度的仲裁员，但他们可能在该地区、在适用当地法律或特定行业方面拥有特殊经验。该结论也为上海仲裁机构提高仲裁员国际化程度、建立仲裁员开放名册制与培育本地涉外仲裁员提供了有益的借鉴与启示。

（1）提高仲裁庭人员的国际化比例。上海仲裁机构应当全面提高仲裁庭人员的多元化与国际化程度，从而提高仲裁裁决的可预见性与灵活性。受大陆法系教育背景与知识结构的影响，我国仲裁员对英美法系相关理念与具体规则的了解较少，而在国际仲裁实务中难免涉及同一专业术语在不同法系规定中的认定与辨析，极有可能适用英美法对案件进行审理。对于习惯了英美法思维或长期处于判例法环境的涉案当事人而言，如果仲裁员过分依赖大陆法系原有的思维模式与分析方式，很有可能导致案件审理结果缺乏可预见性与公平性，进而导致对上海仲裁机构本身运作机制与管理模式的不信任，严重削弱当事人今后在国际贸易合同中将上海约定为仲裁地的主观意愿。如上文所述，新加坡与中国香港国际仲裁中心均积极邀请世界各地的知名专家以理事、仲裁员、调解员、代理人、专家证人等多种身份参与仲裁，并为相关仲裁员提供出入境、移民与税收方面的政策优惠。深圳国际仲裁院国际化理事会为核心的法人治理机构，13 名理事中有 7 名来自香港特别行政区和海外，仲裁员名册覆盖 77 个国家和地区，境外仲裁员有 385 名，占比超过41%。[1]

笔者建议，仲裁机构为涉外合同当事人提供的仲裁员名单之中，境内外仲裁员的比例应该基本相当：一方面，尽管部分境内仲裁员尚未在国际范围享有较高知名度与影响力，但本地执业经验丰富，对中国法律的研究程度与实践经验较外籍仲裁员更为丰富，有助于其为境外当事人提供本土化的法律服务；另一方面，提供多元化的仲裁员名单可能吸引适用境外法律的国际商事纠纷在上海进行仲裁，有助于本地仲裁机构为境外当事人提供国际化的仲裁服务。同时，全面借鉴深圳国际仲裁员的经验，推动以理事会为核心的现代化法人治理架构。目前只有上海仲裁委员会通过机构内部改革组建了新一届委员会，包括了国内知名高校、律所与仲裁行业的专家，也吸引了 3 名境外委员，建议未来在更多的仲裁机构试点并推广此项制度改革，尤其是建立健全决策权、执行权、监督权相互分离、有效制衡、权责对等的法人治理结构，提高仲裁机构的公信力。

（2）实施仲裁员开放名册制。待时机成熟之时，可以尝试效仿美国仲裁协会、新加坡国际仲裁中心、香港国际仲裁中心

---

[1] 参见《"一国两制三法域"深圳国际仲裁探路湾区法治一体化》，载 ht-tps://new.qq.com/rain/a/20220729A071VJ00，最后访问日期：2022 年 11 月 2 日。

等知名仲裁机构的经验与做法，采用仲裁员开放名册制。所谓的"开放名册制"，是指当事人既可以从仲裁机构设置的仲裁员名册中委任仲裁员，也允许当事人在名册外委任仲裁员，当事人和被提名者均须证明该被提名者达到了《仲裁法》规定的资格条件。

2014 年，上海国际仲裁中心颁布了《中国（上海）自由贸易试验区仲裁规则》（以下简称《自贸区仲裁规则》）。该规则基本采纳了"开放名册制"，放宽了从仲裁员名册之外选择仲裁员的限制，保障了合同当事人的意思自治，适当增加了选择仲裁员的灵活性。该规则第 27 条规定："……当事人可以推荐仲裁员名册外的人士担任仲裁员，也可以约定共同推荐仲裁员名册外的人士担任首席仲裁员或独任仲裁员。"同时，该规则规定：当事人推荐仲裁员名册外的人士担任仲裁员，该人选必须经仲裁委员会主任确认同意后方可担任案件的仲裁员。如果仲裁委员会主任不同意该选择，当事人则应在收到该决定之日起 5 日内，在名册内选定或委托仲裁委员会主任指定仲裁员。在当事人未能选定或委托时，则由仲裁委员会主任进行指定。当然，首席仲裁员或独任仲裁员同样允许由双方当事人共同推荐，并经仲裁委员会主任确认。

笔者建议，上海仲裁委员会、中国海事仲裁委员会上海分会与中国国际经济贸易仲裁委员会上海分会同样应予以借鉴，通过颁布专门的自贸区仲裁规则或在自贸区范围内设立仲裁院，对于争议的当事人、标的物或民商事关系产生、变更、消灭的法律事实涉及自贸区的，当事人约定将争议提交自贸区仲裁院仲裁并约定适用本规则的案件，适用《自贸区仲裁规则》"开放名册制"。具体而言，充分尊重当事人以更加广泛和多元化的方式选择仲裁员的意愿，仲裁机构提供的仲裁员名册仅供当事人选择时进行参考；鉴于仲裁员名册无法完全覆盖各类仲裁案件可能需要的所有专家，甚至可以不制定仲裁员名册，由当事人共同选择名册以外资质适当的仲裁员。当然，该人选必须经仲裁委员会主任确认同意后方可担任案件的仲裁员；如当事人需要，仲裁机构可以专门为当事人拟定推荐名单。待未来时机成熟之时，在自贸区或新片区范围内停止适用《仲裁法》第 13 条的规定，放宽仲裁员"从事仲裁工作满八年，从事律师工作满八年，曾任审判员满八年，从事法律研究、教学工作并具有高级职称，具有法律知识、从事经济贸易等专业工作并具有高级职称或者具有同等专业水平"的准入条件（例如将执业年限从 8 年降低为 3 年，不再要求具有高级职称或同等专业水平等），取消"仲裁委员会按照不同专业设仲裁员名册"的制度限制，吸引更多仲裁员名册之外的涉外仲裁专家，尤其是纳入更多符合条件的境外仲裁人士参与自贸区或新片区仲裁活动，从而全面提高仲裁员的国际化水平。

（3）加强涉外仲裁人才培养力度。上海应培养一批通晓国际规则以及具有国际视野的涉外仲裁法律人才。2022 年，《教育部办公厅、司法部办公厅关于实施法律硕士专业学位（国际仲裁）研究生培养项目的通知》，计划 2023 年至 2025 年招生，合计招收培养不少于 1000 人，招生院校包括复旦大学 20 人、华东政法大学 20 人、上海政法学院 20 人。与涉外律师联合培养的项目面临类似的问题，将来高校毕业生群体中从事涉外仲裁工作的群体包括了法律硕士与法学硕士，尤其是国际法专业的研究生，再加之入围上海高校的数量与招生人数均相对有限，因此司法部与教育部出台此项涉外仲裁专业研究生培养项目的受益范围相对狭窄，尚无法完全满足我国打造一支高素质专业化涉外仲裁人才队伍的迫切需要。

对此，笔者建议，应加强涉外仲裁法律人才的培养，通过优化课程体系、引入涉外优秀师资力量，创新涉外法治人才培养模式，加速培养通晓国际规则、适应全方位对外开放要求、能够深度参与国际仲裁事务的涉外法治人才。具体而言，应加强仲裁学科建设与人才培养机制，与涉外律师培养的模式类似的是，在高校本科阶段就开设法律职业教育课程，列为限定选修课，乃至必修课，将涉外仲裁课程作为通识教育体系的重要组成部分；在研究生阶段持续加大涉外仲裁专业的培养力度，可以考虑引导上海各高校法学院在充分整合原有法学硕士与法律硕士的教育资源，增设"涉外仲裁"研究方向，吸引更多学生以"涉外仲裁"为主题参与相关课题研究与论文撰写。鉴于上海市教育委员会在今年颁布了《上海市教育委员会关于开展上海高校涉外法治人才教育培养基地申报工作的通知》，建议上海各高校积极申报，探索涉外仲裁人才专门化培养模式，加强与上海各仲裁机构的联动与协作，开展"订单式"联合培养。

同时，上海司法局与仲裁协会应组建上海版的涉外仲裁人才培养专家委员会、涉外仲裁人才培养基地与涉外仲裁高端人才库，分别对接司法部组建的专家委员会、培养基地与高端人才库。具体而言，由政府部门、高校学者、仲裁行业等专家学者组建涉外仲裁人才培养专家委员会，在上海各高校法学院设立涉外仲裁人才培养基地，并设立涉外仲裁高端人才库，按照高端领军人才、职业进阶人才与后备青年人才进行分级分类管理，适时向司法部涉外仲裁高端人才库推荐。遴选范围不应局限于法律专家与高校学者，还应吸收更多熟悉国际经贸实务与专业技术的行业人士。这一需求在海事纠纷之中显得尤为迫切。在不少海事仲裁案件中，仲裁员最需要的往往不是法律知识，而是航海技术与业务技能。同时将是否曾经参与境外仲裁，以及是否拥有英美法的教育背景作为专家库重要的遴选指标，以有效应对涉外案件中适用外国法的场合。

2. 加强互联网技术的应用，精简程序以提高仲裁效率

根据《2021 国际仲裁调查报告》，受疫情影响，合同当事人对于网络仲裁开庭的需求日益增长。受访者将"对网上开庭的行政/后勤支持"作为他们的首选举措，这将使其他仲裁规则或仲裁机构更有吸引力。除此以外，当事人普遍希望精简仲裁程序以提高仲裁效率。"提供快速程序"，"针对复杂和多方仲裁的更量身定制的程序"，"允许仲裁员决定网上开庭或现场开庭的条款"，"对仲裁员造成的延误的费用制裁"，"赋予仲裁员广泛的案件管理权的规则，包括对当事方和律师行为的严厉制裁的权利"，以及"安全的电子文件提交和分享平台"也成了影响合同当事人选择仲裁机构的重要因素。

一方面，几位受访者（其中许多人是专职仲裁员）对他们认为某些仲裁机构"过于强硬"的管理方式表示不满。受访者举例表示，仲裁机构对其规则中并未明确规定的事项采取了强硬的态度，而这对于仲裁程序的灵活性是不利的。另一方面，关于仲裁员制裁当事方及其律师的能力，一些受访者认为，对于一些"干扰正当程序"的行为，仲裁员仍然过于谨慎。正如一位受访者所强调的那样，这种"胆怯"的方法使客户对仲裁持消极看法。其他人则提到仲裁员未能充分解决当事人和律师"游击战术"的情况。由此看来，真正应关注的并非仅仅是仲裁规则未赋予相应权力，而是仲裁员不愿行使这些权力。在相关

说明中，一位受访者强调机构可以在提高仲裁员绩效的质量方面发挥作用，特别是在程序延迟方面。受访者认为，这可以通过提高仲裁员时间上的透明度，并提供有用的数据（例如，仲裁员作出裁决所需的平均时间）来实现。

（1）推进网络仲裁与在线庭审。时至今日，我国部分仲裁委员会已经建立了互联网仲裁平台，新冠疫情更是加速了在线仲裁的推广与应用。例如，2019 年，广州仲裁委就在司法部的技术支持下，率先试水全球首个跨国远程庭审。前 7 个月，广州仲裁委受理互联网仲裁案件 5800 多件，同比增长超过 30%，受理远程庭审案件 3000 多件，同比增长 3 倍多。相比之下，网络仲裁或远程庭审尚未在上海仲裁机构全面推广，上海仲裁委员会曾在 2022 年 3 月发布了《上海仲裁委员会线上仲裁指引（暂行）》及配套操作指引，鼓励通过线上仲裁的方式解决争议，甚至减免部分仲裁费用（当事人通过本会网上平台提交仲裁申请，且各方当事人均按照该指引进行全部仲裁程序）。同时，上海仲裁委员会还在 2022 年 8 月修订的《上海仲裁委员会仲裁规则》强调了新兴技术的运用。例如，该规则第 39 条第 1 款明确，"除非当事人另有约定，仲裁庭可以根据案件审理的需要，决定通过在线视频、视频会议平台等方式开庭"；第 41 条第 1 款规定，"仲裁庭可以通过对庭审进行录音录像的方式做庭审记录，也可以将开庭情况做成文字记录，但调解除外"；第 65 条第 1 款规定，"除非当事人另有约定，仲裁委可以优先采取电子方式送达有关仲裁的文书、通知、材料等"，第 3 款规定，"采用电子方式送达的，以送达信息到达受送达人特定系统的日期为送达日期"；第 68 条规定，"除非当事人另有约定，仲裁委或者仲裁庭可以决定全部或部分仲裁程序借助信息技术进行，包括但不限于网上立案、送达、开庭、质证"。然而，今年以来，上海仲裁委员会共审理线上仲裁案件 441 起，尚未成为其开展涉外商事业务的重点。上海国际仲裁中心也发布了类似的规范指引。因此，从总体上看，上海仲裁机构受理的涉外商事海事纠纷之中，通过线上仲裁与远程仲裁的案件数量偏少，亟须进一步加强互联网仲裁平台建设。

笔者认为，在疫情常态化的背景下，上海仲裁机构应充分落实数字仲裁的优势与智慧仲裁的理念，大力宣传网络仲裁案件的审理模式，积极推广互联网技术在涉外仲裁业务中的应用，加速推进在线庭审与网络仲裁的开展。具体而言，将大数据与人工智能等技术逐步引入涉外仲裁案件，开发互联网仲裁服务平台的线上线下仲裁业务办理和案件管理系统功能，利用区块链技术完成电子证据的采集与保存，通过区块链节点之间的信息传输实现立案申请、在线开庭、领取裁决书与申请执行等诸多重要环节，并支持实时在线查询与验证，从而切实解决由疫情原因导致的无法现场开庭的问题，有力支持企业复工复产。对于新案、调仲对接案件，采用协商调解方式的仲裁案件以及在线仲裁案件，或者企业出现经济困难或费用较高的情形，准予减免、退还与缓交部分仲裁费用。

（2）提高仲裁的效率性与实效性。上海仲裁机构应主动提高仲裁的效率性与实效性。《上海仲裁委员会仲裁规则》第 50 条 "裁决期限" 条款根据所涉争议案件的差异，分别设定了不同的裁决期限，从而避免不必要的程序拖延；该规则第九章设立了 "快速仲裁程序"，明确该程序的适用条件，即凡是争议金额不超过 500 万元的，或争议金额超过 500 万元但经当事人书面同意的，或经当事人约定适用快速程序或简易程序的，适用快速程序。争议金额不明确的，由仲裁委根据案件的复杂程度、涉及权益的情况以及其他有关因素综合考虑决定是否适用快速程序。快速程序或简易程序在上海各个仲裁机构发布的仲裁规则中均不同程度地有所体现。

但问题在于：对于当事人或律师采取的一些"干扰正当程序"或者"游击战术"等拖延仲裁程序的行为，仲裁员是否能够行使广泛的案件管理权，采取强制措施对于当事人或律师进行制裁，这一问题显然已经成了国际商事纠纷当事人关注的重点，成了影响其选择纠纷仲裁地的重要因素。一般而言，国外仲裁机构均要求仲裁程序快速有效地进行，但对于具体承担促进程序快捷进行的义务主体，实践中主要有两种模式：第一种模式仅规定仲裁庭有义务促进仲裁程序快捷进行。如《美国2000年统一仲裁法》第15条规定："仲裁员可按其认为适当的有利于仲裁的公平和迅速的方式进行仲裁。"《新加坡国际仲裁中心仲裁规则》规定："仲裁庭在征询当事人意见后，应当以其认为适当的方式进行仲裁，确保争议得到公平、顺利、经济、终局的裁决。"《斯德哥尔摩商会仲裁院仲裁规则》规定："无论如何，仲裁庭应当公正、实际而快捷地进行仲裁程序。"第二种模式要求当事人和仲裁庭均有义务促进仲裁程序快捷进行。《伦敦国际仲裁院仲裁规则》规定：当事人应"采用适于仲裁具体情况的程序，避免不必要的拖延或开支，为最终解决当事人之间的争议提供公平而富有效率的方式"，仲裁庭也应"公平、富有效率和快捷地进行仲裁"。《英国1996年仲裁法》也有类似的规定，"仲裁之目的在于有公平的仲裁庭，在没有不必要的拖延和开支的情况下，使争议得以公正解决"，仲裁庭应"根据特定案件的具体情况采取合适的程序，避免不必要的延误或开支，以对待决事项提供公平的解决方式"。

笔者建议，未来上海仲裁机构在颁布仲裁规制之时借鉴第二种模式，要求当事人和仲裁庭均有义务促进仲裁程序快捷进行。一方面，要求当事人避免不必要的拖延与开支；另一方面，也要求在仲裁公正、实际而快捷地推进仲裁案件的进程。对于当事人或律师采取的拖延仲裁程序的行为，考虑赋予仲裁员广泛的案件管理权，采取强制措施对当事人或律师进行制裁。例如，驳回当事人提出的仲裁开庭延期申请，或者对当事人在庭审过程中提交的未经质证的证据不予采纳。同时，应当加强对仲裁员的绩效考核，将仲裁员审理案件平均期限纳入考核范围，对于频繁超过仲裁审理期限，或者拖延仲裁裁决造成当事人经济严重损失的，应考虑剥夺其部分仲裁费用或在更新仲裁名录之时将其排除在仲裁机构指定的仲裁员手册之外；通过落实办案人员管理及考核细则，多维度防范仲裁程序不必要的拖延。

3. 及时更新仲裁条款从而与国际接轨

2014 年，上海国际仲裁中心颁布的《自贸区仲裁规则》为上海其他仲裁机构今后修改仲裁规则树立了典型标杆，尤其是在临时措施、合并仲裁与友好仲裁等相关领域开展了大胆尝试与有益实践。上海市仲裁委员会颁布的 2022 版仲裁规则也赋予了仲裁庭以临时措施的决定权，出台了合并仲裁与友好仲裁制度。但上述规则创新与制度探索尚未涉及临时仲裁领域。同年，中国海商法协会颁布的临时仲裁规则涵盖了临时仲裁程序的各个阶段，体现了临时仲裁充分尊重当事人意思自治、程序灵活高效的优势，对包括规则适用范围、送达和期限、仲裁地等临时仲裁环节作出系统性规定；中国海事仲裁委员会也发布了临时仲裁服务规则，予以充分落实与保障，上海各仲裁机构也应及时开展临时仲裁的制度创新。

（1）试点开展自贸区临时仲裁。所谓的"临时仲裁"是指，在争议发生后，根据仲裁协议由双方当事人共同组建仲裁员，临时组成仲裁庭进行仲裁，该仲裁庭仅负责审理本案，并在审理终结并作出裁决后即自行解散。因此，"临时仲裁"是与"机构仲裁"相对应的法律术语。在《2021 国际仲裁调查报告》中，就哪种临时仲裁规则最常用的问题，调查者询问了受访者在过去五年中最常用的临时仲裁规则，预设选项包括："双方同意的定制规则""CPR 非管理仲裁规则""谷物及饲料贸易协会仲裁规则（GAFTA）""伦敦海事仲裁员协会（LMAA）条款""国内仲裁法""建筑行业示范仲裁规则"和"贸法会仲裁规则"。3/4（76%）的受访者选择的《贸法会仲裁规则》。紧随其后的是"国内仲裁法"（28%）"双方同意的定制规则"（26%）和 LMAA 条款（13%）。几位受访者将《贸法会仲裁规则》的成功归功于其精心设计和广泛使用。其他人则评论了它们的普遍性和全球认可水平，这可能是因为《贸易法委员会仲裁规则》在商事争议和投资条约仲裁中的广泛领域均得到了使用。受访者很重视临时仲裁所提供的程序灵活性，与机构仲裁相比，他们认为当事人具有更大的意思自治，在整个仲裁过程中强调当事人自治是采访中反复出现的主题；一些受访者还强调了临时仲裁在解决海事行业和大宗交易等行业中的争端中的优势。正如一位专门研究海事纠纷的受访者所解释的那样，当事方希望"一种由其行业设计，为其行业订制，并由其行业的从业人员使用的争议解决机制"。

临时仲裁在海事仲裁领域的重要性尤为突出，一般而言，海事仲裁纠纷的当事人往往不愿意向仲裁机构提交仲裁申请，更愿意申请临时仲裁。伦敦海事仲裁员协会（LMAA）始终是海事纠纷当事人仲裁的首选地，其每年受案数量一直维持在数千件，远远高于伦敦仲裁院收到的海事仲裁请求的数量。我国企业对于临时仲裁规则与程序并不熟悉，导致在国际仲裁案件中的败诉率居高不下。有一种说法是，中国企业涉外纠纷解决普遍存在"3个90%现象"，[1]即"90%以上中国企业签订的涉外商事合同，其争议解决方式都选择了国际商事仲裁。在选择国际商事仲裁的争议解决条款中，90%的条款选择了外国仲裁机构。一旦双方发生争议，90%以上的中国企业在国际商事仲裁中败诉"。因此，单一的机构仲裁模式已经难以适应海事商事仲裁纠纷解决的现实需求，应该推动形成机构仲裁与临时仲裁互动与共存格局。当然，临时仲裁制度的改革无法一蹴而就，同样应循序渐进，在自贸区与新片区范围内率先试点，待验证可行之后逐步推广至全市乃至全国，从而有效降低此项制度改革进程中的试错成本。

具体而言，2016年颁布的《最高人民法院关于为自由贸易试验区建设提供司法保障的意见》，在自贸试验区内注册的企业相互之间约定在内地特定地点、按照特定仲裁规则、由特定人员对有关争议进行仲裁的，可以认定该仲裁协议有效。由于该意见没有要求当事人之间的仲裁协议需选定仲裁委员会，因而突破了《仲裁法》第16条和第18条的限制，从某种意义上讲，临时仲裁制度的实施已经在自贸区范围内获得了政策依据。之后，"三个特定"原则也被延伸至临港新片区。2019年，《最高

---

〔1〕 参见《为全球海运争议解决增加"中国元素"》，载 https://baijiahao. baidu. com/s？id＝1707763033777754228&wfr＝spider&for＝pc，最后访问日期：2022年11月2日。

人民法院关于人民法院为中国（上海）自由贸易试验区临港新片区建设提供司法服务和保障的意见》再次强调了此项原则，这也为自贸区新片区引入临时仲裁提供了制度支撑。但时至今日，上海仲裁机构尚未在自贸区或新片区落实临时仲裁制度的试点：一方面，这与我国《仲裁法》尚未正式承认临时仲裁制度相关；另一方面，仅仅依靠上述自贸区或新片区"三个特定"的基本原则，临时仲裁制度难以在实质上获得确立。《横琴规则》《中国互联网仲裁联盟临时仲裁与机构仲裁对接规则》等临时仲裁规则的陆续出台，为上海涉外临时仲裁的落地与实施提供了可供参考与借鉴的宝贵经验。

2017 年，珠海仲裁委员会制定了国内首部临时仲裁规则《横琴规则》，相比于仲裁机构规则，该规则更加尊重当事人的意思自治，只有在当事人明确提出将相关争议提交至临时仲裁予以解决的情况下，仲裁庭才能启动该临时仲裁程序。其同时也赋予了仲裁庭更大的自由裁量权，如果当事人在仲裁协议中并未明确约定临时仲裁地，那么仲裁庭有权根据纠纷主体的实际情况自主确定临时仲裁地。当然，该规则还考虑到临时仲裁也未能获得我国《仲裁法》的支持，专门创设了临时仲裁裁决书转化机制，当事人在临时仲裁裁决作出之后可以向珠海仲裁委申请确认，该临时仲裁裁决即可转换为机构仲裁裁决，通过此种创新变通的方式避免了仲裁裁决因违法而无法获得强制执行的困境。除此以外，中国互联网仲裁联盟也出台了对接规则，该规则同样创设了临时仲裁与机构仲裁程序的对接机制，对于临时仲裁的适用主体从原来自贸区范围之内的注册企业扩张至非自贸区内的注册企业，对于由此而形成的临时仲裁裁决经仲裁委确认之后同样可以转化为机构仲裁裁决，甚至承认境外作出的临时仲裁裁决书。

而 2021 年《仲裁法（修订征求意见稿）》第 91 条到第 93 条创设了"专设仲裁庭仲裁"制度。该征求意见稿第 91 条规定："具有涉外因素的商事纠纷的当事人可以约定仲裁机构仲裁，也可以直接约定由专设仲裁庭仲裁。专设仲裁庭仲裁的仲裁程序自被申请人收到仲裁申请之日开始。当事人没有约定仲裁地或者约定不明确的，由仲裁庭根据案件情况确定仲裁地。"第 92 条规定："专设仲裁庭仲裁的案件，无法及时组成仲裁庭或者需要决定回避事项的，当事人可以协议委托仲裁机构协助组庭、决定回避事项。当事人达不成委托协议的，由仲裁地、当事人所在地或者与争议有密切联系地的中级人民法院指定仲裁机构协助确定。指定仲裁机构和确定仲裁员人选时，应当考虑当事人约定的仲裁员条件，以及仲裁员国籍、仲裁地等保障仲裁独立、公正、高效进行的因素。人民法院作出的指定裁定为终局裁定。"第 93 条规定："专设仲裁庭仲裁的案件，裁决书经仲裁员签名生效。对裁决持不同意见的仲裁员，可以不在裁决书上签名；但应当出具本人签名的书面不同意见并送达当事人。不同意见不构成裁决书的一部分。仲裁庭应当将裁决书送达当事人，并将送达记录和裁决书原件在送达之日起三十日内提交仲裁地的中级人民法院备案。"

笔者建议，可以借鉴新加坡与伦敦的仲裁实践，适度参考《横琴规则》与中国互联网联盟的对接规则，在《仲裁法》完成修订之前，引导上海仲裁机构在自贸区或新片区范围内设立仲裁院，修改当前的仲裁规则或颁布专门的自贸区仲裁规则，引入临时仲裁制度或专设仲裁庭仲裁制度，增设对临时仲裁的组庭、回避、委托组庭等核心程序规定必要的规范；明确对临时仲裁的监督，规定仲裁员对裁决持不同意见的具体情形。当然，鉴于《仲裁法》尚未生效，还应创设临时仲裁裁决书转化机制，当事人在临时仲裁裁决作出之后可以向本地仲裁机构申请确认，经确认之后，该临时仲裁裁决即可转换为机构仲裁裁决，从而最大限度地避免与消除法律适用上的风险与隐患。临时仲裁制度的适用对象主要是争议的当事人、标的物或民商事关系产生、变更、消灭的法律事实涉及自贸区的，当事人约定将争议提交仲裁委员会仲裁并约定适用本规则的，或者当事人约定将争议提交仲裁委员会且仲裁在自贸区仲裁院进行的国际商事纠纷案件。待时机成熟之后，再将自贸区或新片区开展临时仲裁先行先试实践经验向全市复制推广。

（2）推动临时措施条款的完善。所谓的"临时措施"是指由仲裁庭或法院在仲裁程序开始前或进行中作出的，旨在维持涉案双方现状或保证最终裁决得以执行的一系列指令、命令或裁决，临时措施的内容不仅包括对财产、证据的保全，也涉及要求或禁止一方当事人在一定期限内必须做某事的行为保全等。《自贸区仲裁规则》第三章创设了临时仲裁措施的实施与变更，全面覆盖了仲裁案件受理之后仲裁庭组成之前，以及仲裁庭组成之后的临时措施，尤其是增设紧急仲裁庭专门受理临时仲裁措施的申请。相比之下，《仲裁法（修订征求意见稿）》的规定就相对简单，并未考虑到当事人对仲裁庭保全决定的异议权的情形，在司法实践中可能存在一定的争议，即针对仲裁庭作出的保全决定，当事人是否享有一次异议的权利？《民事诉讼法》第111条规定："当事人对保全或者先予执行的裁定不服的，可以申请复议一次。复议期间不停止裁定的执行。"可见，对于法院作出的保全裁定，当事人有权提出复议。但是《民事诉讼法》的规定不必然适用于仲裁。

笔者建议，《仲裁法》修订之时，应借鉴《自贸区仲裁规则》第23条"临时措施决定的变更"的规则，赋予被采取临时措施一方当事人合理的救济权利，允许其向仲裁机构或者法院申请复议。上海司法行政部门与仲裁机构应积极推动临时仲裁措施条款的落地与完善，经政策试点并验证可行之后，将临时措施与紧急仲裁庭制度的适用主体从个别仲裁机构扩大至全市仲裁机构，将适用范围从自贸区或新片区推广至全市。

（3）加速合并仲裁与友好仲裁制度的落地。《自贸区仲裁规则》还借鉴了中国香港与新加坡国际仲裁中心的实践经验，率先出台了合并仲裁与友好仲裁制度。所谓的"合并仲裁"，是指两个或两个以上相法律纠纷存在关联性之时，为了高效与便捷地开展仲裁，召集所有涉案当事人，将所有仲裁程序合并为一个仲裁程序处理所有争议的制度。《自贸区仲裁规则》第37条"其他协议方加入仲裁程序"规定："（一）在仲裁庭组成前，申请人或被申请人请求增加同一仲裁协议下其他协议方为申请人或被申请人的，应当提交书面申请……（二）仲裁庭已组成的，申请人及/或被申请人请求增加同一仲裁协议下其他协议方为被申请人，且该协议方放弃重新选定仲裁员并认可已进行的仲裁程序的，仲裁庭可以决定是否同意。"第38条"案外人加入仲裁程序"规定："在仲裁程序中，双方当事人可经案外人同意后，书面申请增加其为仲裁当事人，案外人也可经双方当事人同意后书面申请作为仲裁当事人……"2022年版《上海仲裁委员会仲裁规则》第21条与第23条也有类似的规定。

而所谓的"友好仲裁"是指，经争议当事人授权，在仲裁庭认为若适用严格法律规范将导致不公平结果的情况下，依据其认为公平善意的标准与原则进行仲裁并作出对争议当事人具有法律约束力的裁决的商事仲裁方式。与依法仲裁相比，其主要特征是充分尊重当事双方的合意与意思自治，当事人既可以在仲裁协议订立时选择适用友好仲裁制度，也可以在仲裁程序启动后达成约定。仲裁庭在进行友好仲裁之时，并非严格依照法律规定，而是遵循公平善良与公序良俗等原则作出裁决，但不应违背相关法律法规的强制性规定。《自贸区仲裁规则》第56条规定："当事人在仲裁协议中约定，或在仲裁程序中经协商一致书面提出请求的，仲裁庭可以进行友好仲裁。仲裁庭可仅依据公允善良的原则作出裁决，但不得违反法律的强制性规定和社会公共利益。"《上海市仲裁委员会仲裁规则》第51条也有类似的规定。

考虑到本次《仲裁法（修订征求意见稿）》并未引入合并仲裁与友好仲裁制度，笔者建议，上海市人民代表大会应与全国人民代表大会积极沟通，推动上述制度在仲裁法中的落地；在仲裁法尚未生效之前，上海司法行政部门与仲裁机构应积极推动合并仲裁与友好仲裁条款的落地与完善，经政策试点并验证可行之后，将合并仲裁与友好仲裁制度的适用主体从个别仲裁机构扩大至全市仲裁机构，将适用范围从自贸区或新片区推广至全市，以最大限度地实现合同当事双方在国际仲裁程序选择方面的意思自治。

4. 加强政府支持与司法保障

对于上海发展涉外仲裁需要不仅需要加强政府支持（包括财政激励与政策扶持），也需要强化司法保障（包括各级法院对于仲裁裁决的承认与执行），以涉外仲裁为核心，构建仲裁服务配套齐全以及具有较大辐射能力的国际仲裁生态圈，拉动上下游涉外法律服务业协同发展。伦敦、巴黎、日内瓦、斯德哥尔摩、新加坡等国际知名仲裁中心的发展路径莫不如此，在当地良好的国际仲裁立法、司法以及政府配套政策支持下，汇聚大量从事国际仲裁活动的社会主体，包括高水平的国际仲裁案件管理机构、优秀的国际仲裁员、专业的国际仲裁律师事务所与律师，打造知名的国际仲裁生态圈与法律职业共同体，为全球当事人提供国际仲裁法律服务。从某种意义上讲，国际仲裁中心本质上就是以国内一个或多个城市向外辐射的区域为基础，以仲裁机构为引擎，聚合其他上下游法律服务机构或组织，为境内外市场主体预防和解决纠纷提供仲裁服务与法律方案，其中离不开政府层面的支持与司法领域的保障。

（1）强化财政激励与政策扶持。长期以来，伦敦都是最受欢迎的国际商事海事纠纷仲裁地，大量的涉外纠纷在伦敦仲裁机构进行审理，大量的合同还会约定"伦敦仲裁，适用英国法"，此种趋势在短期之内还不会动摇与改变。但对于上海发展涉外仲裁而言，短期目标是考虑吸引更多的境外仲裁机构入驻上海自贸试验区或新片区，促进合同当事人将中资企业的涉外纠纷或外资企业在华法律纠纷向自贸区或新片区境外仲裁机构申请仲裁，远期目标才是推动更多的跨国商事海事争议提交上海本地仲裁机构进行仲裁。

在制度设计方面，2016 年《最高人民法院关于为自由贸易试验区建设提供司法保障的意见》吸收了"西门子国际贸易（上海）有限公司诉上海黄金置地有限公司申请承认与执行外国仲裁裁决案"的判决精神，允许在自贸区内注册的外商独资企业将争议提交境外仲裁机构仲裁。2019 年，《国务院关于印发中国（上海）自由贸易试验区临港新片区总体方案的通知》明确提出："允许境外知名仲裁及争议解决机构经上海市人民政府司法行政部门登记并报国务院司法行政部门备案，在新片区内设立业务机构，就国际商事、海事、投资等领域发生的民商事争议开展仲裁业务，……"最高人民法院、上海高级人民法院以及上海市司法局也相继发布了一系列配套性、支持性的保障措施、实施意见与管理办法。例如，《最高人民法院关于人民法院为中国（上海）自由贸易试验区临港新片区建设提供司法服务和保障的意见》、上海高级人民法院发布的《上海法院服务保障中国（上海）自由贸易试验区临港新片区建设的实施意见》、上海市司法局发布的《境外仲裁机构在中国（上海）自由贸易试验区临港新片区设立业务机构管理办法》。伴随着多部涉及自贸区与新片区仲裁规范性文件的颁布，上海打造面向全球的亚太仲裁中心，推动仲裁行业对外开放与优化营商环境已取得了初步成效。但在机构设置方面，在全球多家知名仲裁机构国际商会仲裁院、香港国际仲裁中心、新加坡国际仲裁中心以及韩国商事仲裁院纷纷于自贸区范围内设立代表处的同时，新片区管委会也正与香港国际仲裁中心、新加坡国际仲裁中心开展积极对接，洽谈与协商关于在新片区范围内设立业务机构开展仲裁业务的具体事宜。但时至今日，上海自贸试验区新片区尚未实质性引入一家境外仲裁机构，其中既涉及财政激励机制不足的问题，也与制度适用中存在的模糊地带密不可分。

就财政激励而言，临港新片区于 2020 年发布的《中国（上海）自由贸易试验区临港新片区促进法律服务业发展若干政策》对在区内设立业务机构的境外知名商事海事仲裁机构给予一次性专项奖励 100 万元，但相比于前海合作区颁布的《深圳市前海深港现代服务业合作区管理局关于支持前海深港国际法务区高端法律服务业集聚的实施办法（试行）》相对简单，对于仲裁机构落地之后，后续聘用外籍法律专家担任仲裁员缺乏财政激励措施。笔者建议，应适当借鉴深圳前海的经验，对于入驻上海自贸试验区新片区的境外知名仲裁机构作出财政补贴，尤其是提高仲裁机构聘用外籍法律人士担任仲裁员的奖励额度。例如，对于在 新片区落户并实际运营的法律服务机构，聘用外籍法律专业人士的，按照每 1 名被聘用并实际开展业务的外籍法律专业人士每年 5 万元的标准，给予机构用人支持；每家机构每年支持不超过 150 万元，支持期限不超过 5 年；聘用并实际开展业务的外籍法律专业人士达到 30 人以上的用人机构，一次性叠加支持 50 万元。

就制度适用而言，上海自贸试验区新片区境外仲裁机构业务管理办法适用对象与范围相对有限，适用程序与法律尚存疑。具体而言，临港新片区总体方案率先允许境外知名仲裁及争议解决机构在新片区内设立业务机构。但根据上海市司法局颁布的《境外仲裁机构在中国（上海）自由贸易试验区临港新片区设立业务机构管理办法》，在新片区设立的境外仲裁机构"不得开展不具有涉外因素争议案件的仲裁业务"。那么，何为"涉外因素"？依照 2012 年《最高人民法院关于适用〈中华人民共和国涉外民事关系法律适用法〉若干问题的解释（一）》第 1 条的规定："民事关系具有下列情形之一的，人民法院可以认定为涉外民事关系：（一）当事人一方或双方是外国公民、外国法人或者其他组织、无国籍人；（二）当事人一方或双方的经常居所地在中华人民共和国领域外；（三）标的物在中华人民共和国领域外；（四）产生、变更或者消灭民事关系的法律事实发生在中华人民共和国领域外；（五）可以认定为涉外民事关系的其他情形。"《最高人民法院关于为自由贸易试验区建设提供司法保障的意见》将其扩大解释为"在自贸区范围内注册的外商投资企业之间的纠纷"。但是，如果某些外商投资企业并未设立在新片区范围内，而是通过海关特殊综保区进口、仓储、运输、集拼、分拨、转运、加工、出口或者交付货物，若在上述任一环节发生纠纷，是否能够被认定为具有"涉外因素"？同理，若未在新片区内设立的外商投资公司在新片区知识产权服务窗口申请与登记了某项国际专利，在发生相关知识产权纠纷之后能否向新片区境外仲裁机构申请仲裁？根据当前《仲裁法》规定与司法实践，答案无疑是否定的。

笔者建议：应对标英国伦敦与美国纽约仲裁规则等国际最高行业标准以突破问题瓶颈。上海市司法局、法院与仲裁机构应当在充分沟通的基础之上对上述文件中的"涉外因素"作出扩大解释。例如，以会议纪要与指导性意见等多种形式予以明确。不应仅仅关注规则适用的主体，将其适用范围局限于一方或双方在新片区注册的外商投资机构的相关法律纠纷；还应注重规则适用的客体，将适用范围扩展至与新片区有实际牵连关系的外商投资机构的相关司法争议。在国际贸易领域，可能涉及在海关特殊综保区内进口、仓储、运输、集拼等多个国际货物买卖环节的法律纠纷。在知识产权领域，可能涉及在新片区知识产权服务窗口申请与登记了某项国际专利的司法争议。换而言之，只要上述业务经营活动与法律行为具有涉外因素，与境外投资者、贸易商与使用人关系密切，即可允许将此类纠纷提交新片区的境外仲裁机构作出仲裁。

除此以外，对于新片区境外仲裁机构作出的裁决，其法律属性与业务本质究竟是"境内仲裁"还是"境外仲裁"？认定的差异可能直接影响到仲裁程序与法律的适用，当时双方是否可以在合同中约定适用外国法？乃至进一步约定仲裁条款本身的准据法？此类仲裁机构在审理时适用国内还是涉外仲裁程序？

如果一方当事人提出适用国内仲裁程序，而另一方当事人没有提出异议，那么仲裁裁决是否会因仲裁程序违法而被撤销或不予执行？裁决执行之前是否仍应遵循《纽约公约》的规定经法院承认？上述问题在当前我国仲裁法律体系下依然存疑，而当前最高人民法院出台的相关意见相对原则化、可操作性不强，裁决结果的不可预见性可能会削弱合同双方将新片区约定为仲裁地的意愿。

在实践层面，对于仲裁裁决国籍的识别主要存在"仲裁机构"与"仲裁地"两种判断标准，根据不同的标准判断新片区境外仲裁机构作出的仲裁，可能会得出不同的结论。我国《仲裁法》从未对仲裁裁决的国籍判断标准作出明确认定。具体而言，《仲裁法》中的国外仲裁机构究竟是指设立于国外并实际作出仲裁裁决的机构，还是指其总部设立于国外，但在国内作出仲裁裁决的机构？在新片区设立的境外仲裁机构是否属于国外仲裁机构尚存争议。2009 年，《最高人民法院关于香港仲裁裁决在内地执行的有关问题的通知》首次明确以"仲裁地"来确认仲裁裁决的国籍后，但该司法解释仅仅适用于香港仲裁裁决在内地执行的案件。

笔者建议，应在相关规范性文件中予以明确，将新片区内境外机构作出的仲裁参照"仲裁机构"的标准，视同为"境外仲裁"，但裁决的执行环节宜参照"仲裁地"标准，视同为"境内仲裁"。换而言之，可以约定合同当事双方约定合同本身或者仲裁协议适用外国法。仲裁机构在审理相关案件之时应当适用涉外仲裁程序（包括财产保全、证据保全、行为保全）。但是如果一方当事人提出适用国内仲裁程序，而另一方当事人没有提出异议，那么该仲裁裁决依然有效，不会因为仲裁程序违法而被撤销或不予执行。裁决结果也不需要经法院的承认，即可直接申请执行。此举有助于推动境内外仲裁机构的协同发展，在确保国外仲裁机构不会对国内仲裁业务构成严重威胁的同时，最大限度地保障当事人利益。

（2）保障各级法院对于仲裁裁决的承认与执行。在司法保障层面，《2021国际仲裁调查报告》显示："地方法院和司法机构对仲裁提供更大的支持""增加当地法律体系的中立性和公正性""在执行仲裁协议和仲裁裁决方面的更好的记录"等相关因素是使得其他仲裁地更具有吸引力的最重要因素。除此以外，"执行紧急仲裁员的决定或仲裁庭采取的临时措施的能力""地方法院能够远程处理与仲裁有关的事项的能力""允许裁决使用电子签名""司法辖区的政治稳定性"和"司法辖区允许第三方资助"，也会影响合同当事人选择仲裁地的意愿。

因此，上海发展涉外仲裁业务应重点理顺仲裁和诉讼的关系，遵循司法机关对仲裁支持和监督的原则，保障仲裁依法独立开展，防止仲裁司法化倾向。以自贸区仲裁案件为例，《上海市二中院关于适用〈中国（上海）自由贸易试验区仲裁规则〉仲裁案件司法审查和执行的若干意见》，作为上级法院指定管辖上海国际经济贸易仲裁委员会（上海国际仲裁中心）所仲裁案件的司法审查单位，上海市第二中级人民法院旨在通过立、审、执专项协调联动机制建立专项立案受理机制，立案大厅设置专门受理涉《自贸区仲裁规则》案件的窗口标识，并配备专门人员负责立案申请受理和审查；设立司法审查专项合议庭，由庭长担任合议庭审判长，对涉《自贸区仲裁规则》案件实行专项审理；设立专项执行实施组与裁决组，对涉《自贸区仲裁规则》案件实行专项执行。

笔者建议，考虑到疫情对涉外仲裁的影响，建议加强法院网上办案系统与仲裁机构网络仲裁办案平台的数据对接，确保法院能够在第一时间执行仲裁机构作出的临时措施或紧急仲裁庭的决定。上海各级法院对涉外仲裁的审查，应以程序性审查为主，充分尊重实体裁决；遵循当事人选择仲裁的意愿，对发生仲裁协议约定不明或者有歧义时，通过条款合理解释方法来弥补约定漏洞，使其成为有效和完整的仲裁协议；对违反仲裁程序的行为，依法予以司法救济。

（四）上海发展涉外仲裁业务的风险

1. 对国内仲裁业务的影响及应对

上海在开展涉外仲裁的过程中，首先应注意的风险就是其对于国内仲裁业务的影响。考虑到仲裁不受地域管辖的限制，涉外纠纷当事人可以自主选择境内外仲裁机构，吸引境内知名仲裁机构入驻新片区虽然会有效提升涉外仲裁法律服务供给，但可能会对国内仲裁机构的案件数量与市场份额形成较大冲击。换而言之，在自贸区境外仲裁机构试点政策实施之后，国内仲裁机构如何与境外仲裁机构开展竞争，如何实现境内外仲裁机构的协同发展成了上海发展涉外仲裁的重点。具体而言：

其一，长期以来，受限于仲裁员的素质、仲裁成本、法律可预见性、法律体系差异与司法便捷性等各种因素的影响，上海仲裁案件的受理数量与伦敦、纽约存在较大差距。归根到底，缺乏良性的竞争环境，尤其是缺乏与境外知名仲裁机构的竞争是引起问题的根源。如果不及时作出改善，即使动用行政力量强制将国内仲裁机构迁往自贸区或在新片区范围内设立办事处，情况也不会发生根本性转变。其二，受我国仲裁员专业素质参差不齐的刻板印象的影响，合同当事人习惯性将仲裁地约定在境外，由外籍仲裁员审理，此种惯性思维同样可能导致在境外机构入驻新片区之后，境内仲裁机构缺乏足够的案源。其三，由于市场竞争、谈判地位、文化背景与法律传统等原因，大量涉外合同将英国等判例法国家约定为仲裁地，但裁判结果往往对我国当事人极为不利。

笔者建议在全市范围内推广与建立"一站式"纠纷解决平台，强化宣传推介提升境内仲裁机构竞争力。换而言之，在出台各项优惠政策吸引境内知名仲裁机构入驻新片区的同时，更应该构建良好的法治化营商环境，全面提升国内仲裁员的专业素养，通过积极宣传推介、借鉴境外仲裁机构仲裁规则，以及发布司法解释等各种方式提升境内仲裁机构的国际竞争力，形成与境外仲裁机构的协同发展与良性互动，充分发挥境外仲裁机构的"鲶鱼效应"，倒逼上海仲裁机构的国际化变革。具体而言：

第一，如上文所述，尽管临港新片区于 2020 年发布的《中国（上海）自由贸易试验区临港新片区促进法律服务业发展若干政策》对在区内设立业务机构的国际商事海事仲裁机构给予一次性专项奖励。但是，国际化营商环境的构建不能仅仅依赖丰厚的财政奖励，更多应依靠完善的法律机制。应当充分利用现有临港新片区法律服务中心的"一站式"纠纷解决机制与功能，吸引更多境内仲裁机构设立办事机构，形成与律师事务所、调解机构、外国法查明中心与研究机构等职能对接、信息共享与资源整合，为企业提供法律咨询、财产公证、行业研究等专业服务。同时保持与境外仲裁机构或者国内其他自贸区仲裁机构定期交流，推动跨自贸区法律纠纷的顺利解决，例如新片区与上海自贸试验区，以及新片区与其他自贸区之间仲裁业务的合作；待时机成熟之时，将新片区建立"一站式"纠纷解决平台的实践经验复制推广至全市。

第二，上海市司法局应当与法院、境内仲裁机构积极开展合作，通过官网以及各种线上、线下渠道，联合发布年度报告，以中英文两种语言对我国仲裁机构的历史渊源、行业现状与未来发展作出宣传与介绍。包括且不局限于：近年来，我国仲裁机构审理的典型案例、我国司法解释与指导性案例在仲裁案件中的运用、自贸区与新片区仲裁规则以及仲裁员信息等，在便于国内外当事人了解我国仲裁制度创新的同时，让其了解上海仲裁在程序、费用、法院承认与执行方面的优势，促使更多涉外商事海事案件回流，尤其是重点吸引中资企业涉外案件在上海仲裁机构进行裁决。当前，由于宣传力度不到位，仲裁的优势尚未在国内企业中得到广泛认可。部分企业认为，仲裁审理期限过长、仲裁费用高昂、仲裁地点交通不便与不知如何选择合适的仲裁员是阻挠其选择仲裁作为争议解决方式的重要因素。对此，上海行政司法机关应围绕企业关注的重点议题开展宣传与培训，对于国内当事人，着重介绍上海仲裁机构（例如上海仲裁委员会与上海国际仲裁中心）在加强互联网技术应用、实现远程庭审、缩短审理期限、精简仲裁程序以及管理仲裁员绩效方面的努力，以及疫情防控期间减免部分仲裁费用，帮助部分商事主体纾困解难的仲裁保障机制与便利措施；对于国外当事人，重点宣传上海机构在提高仲裁员组成的多元化，实行仲裁员开放名册制，培养仲裁法律人才，更新仲裁条款与规则（开放临时仲裁、采取临时措施，包括紧急仲裁员制度、合并仲裁与友好仲裁）以及政府支持与司法保障领域的实际进展。

2. 对涉外仲裁员监管的影响及应对

上海开展涉外仲裁进程中的风险在于：开放临时仲裁制度可能会导致我国司法行政机关无法对仲裁员的资质进行有效的监管。长期以来，我国机构仲裁在仲裁员选择方面基本实行强制名册制。其优点在于，机构仲裁通过遴选而拟定的仲裁员名单相当于为当事人提供一个"专家数据库"：一方面，有利于解决当事人对相关领域的专家背景不甚了解的问题；另一方面，也有助于对仲裁员资质进行监督，从而保障仲裁案件的审理质量。即使采取了开放名册制度，双方当事人在向仲裁机构单独或共同推荐了仲裁员之后，该人选也需要获得仲裁委员会主任的同意才能担任仲裁员。相比之下，独立于机构仲裁的临时仲裁就缺乏相应的监管：一方面，临时仲裁员的资质与能力无法获得有效的保障；另一方面，临时仲裁裁决书仅仅需要仲裁员的签字，缺少仲裁机构盖章，可能存在虚假诉讼的法律风险，如果有企业提交虚假的仲裁文书申请向国外支付款项或执行财产，可能会产生规避外汇监管政策的隐患与损害第三方合法权益的风险。

笔者建议，对于临时仲裁员资质公正性与临时仲裁文书合法性的问题，应要求合同当事人及时就特设仲裁庭或临时仲裁庭组成人员向仲裁地中级人民法院进行备案，仲裁员应向法院签署承诺书，并在仲裁程序结束后，将仲裁裁决及所有仲裁过程中形成的文件提交至法院。法院不必介入对案件的审理，但应重点在以下环节加强临时仲裁法律效力的司法审查。例如：①是否属于"涉外商事"仲裁案件，判断标准应参照上文关于扩大"涉外因素"的法律解释；②仲裁员是否符合《仲裁法》的要求，如上文所述，未来可能放宽仲裁员从业资格的限制；

③仲裁结果与仲裁依据是否存在违反我国公共利益与公序良俗的情形；④仲裁当事人与本案的关联度如何、当事人提供的证据是否充分、仲裁案件所涉及的合同约定及履行情况是否符合常理等方面。结合上述因素，综合判断是否存在恶意仲裁或虚假仲裁情形，从源头上杜绝仲裁员缺乏资质或虚假仲裁的可能性。

另外，虽然临时仲裁制度充分尊重当事人关于仲裁员选任的意思自治，但其负面效应就在于：当事人可能无法就临时仲裁员的选任达成一致，从而形成组庭僵局。笔者建议，考虑引入仲裁僵局介入制度，在双方选聘仲裁员无法达成一致之时，可以考虑解除临时仲裁协议，重新选择机构仲裁，在仲裁机构提供的仲裁员名册之中选择仲裁员，或者由仲裁委员会直接指定，从而破解临时仲裁僵局的现实困境。

3. 对仲裁保密性的影响及应对

上海发展涉外仲裁过程中面临的风险在于：仲裁员信息披露制度可能产生的数据泄露等安全监管与信息保密风险。尽管我国《仲裁法》并未创设此项制度，但国内部分仲裁机构的仲裁规则，例如《上海仲裁委员会仲裁规则》明确了仲裁委与仲裁员有权披露的事项。如该规则第 33 条明确，仲裁委员会可以结合案件情况和实际需要，通过适当方式公布仲裁员姓名等与仲裁庭组庭信息，并要求仲裁员在声明书中披露其知悉的可能引起其对公正性或者独立性产生合理怀疑的情形，并且应当承诺能够为案件付出满足仲裁庭和当事人合理期待的时间、精力并具备专业能力。在仲裁程序中，仲裁员知悉新的可能引起对公正性或者独立性产生合理怀疑的情形，应当进行披露。

基于保护商业机密、维护商誉等相关因素的考虑，"保密性"历来是国际商事仲裁的基本原则与重要属性，违反保密原则可能会导致仲裁裁决被撤销或不予执行。国际商事仲裁保密性的适用主体为国际商事仲裁参与人，包括但不限于仲裁当事人、第三人、仲裁机构的工作人员以及法院程序参与人，适用范围涉及不公开审理、实体和程序不得对外透露、裁决不对外公开等诸多要求。但时至今日，随着涉外商事仲裁纠纷数量的增加，国外当事人对于仲裁裁决公正性与可预见性的迫切需求也与日俱增，尤其是在我国，仲裁员主要援引法律法规对于案件进行裁决，当事人在缺乏先例参考的情况下容易对我国仲裁权威性与司法公信力形成质疑。

根据 2021 年《国际仲裁调研报告》，"管理程序和决定的透明度，例如对仲裁员的选择和异议"是影响仲裁地或仲裁机构是否具有吸引力的重要因素之一。因此，笔者建议，上海仲裁机构应率先创建仲裁员信息披露制度，这不仅有助于减少国外当事人对国内仲裁员的猜疑，消除误解和疑虑，也有利于增加仲裁庭透明度，树立权威和独立公正形象。在此基础之上，还可以考虑构建有限的仲裁裁决公开制度，即在征得双方当事人同意的情况下，对部分仲裁裁决进行安全加密与必要删减之后进行公开，从而帮助合同当事人在选择仲裁机构与仲裁员之前对仲裁结果作出合理预判。具体而言，仲裁机构可以对仲裁裁决的争议焦点进行归纳与总结，确保不包含私人信息，在按照仲裁员的姓名进行分类之后公布在官网上，访客可以登录仲裁机构网站，向仲裁机构申请查阅完整的仲裁裁决，而仲裁机构在征得案件当事人同意之后可以将加密或删减之后的仲裁裁决发给特定的访客。在此基础之上，仲裁机构应定期筛选具有重要参考意义的仲裁裁决，经当事人同意之后汇编出版。总而言之，上海仲裁机构应在尽可能保护案件当事人商业机密与隐私的同时，通过有限的仲裁信息披露提高仲裁裁决的可预期性与公信力。从某种意义上讲，此种做法也是对今后各仲裁机构统一仲裁裁决尺度与标准的监督。

4. 对仲裁维权成本的影响及应对

上海发展涉外仲裁所面临的风险在于：相对高额的涉外仲裁费用是影响中小型企业选择仲裁作为争议解决方式的因素之一。根据一项统计，29%的受访企业每件仲裁案件平均花费在人民币 100 万元至 500 万元之间，尤其是预缴费用提高了诸多中小型民营企业在开展对外投资与贸易活动中的维权成本，在其自身权益面临受损之时，削弱了申请仲裁的意愿。

2022 年《国际仲裁调研报告》也明确指出，"司法辖区允许第三方资助"是使得仲裁地更具有吸引力的重要因素之一。笔者建议，应在推广上海仲裁委员会与上海国际仲裁中心关于减免、退还与缓交部分仲裁费用的基础之上，在部分案件中考虑引入"第三方资助机制"，此种类似于"风险代理协议"仲裁费用负担规则旨在为面临国际争议纠纷的客户提供包括资金资助、诉讼策略和法律资源在内的全链条整体解决方案。所谓的"第三方资助"也被称为"诉讼融资"，即在诉讼和仲裁进程中，与案件无关的第三方为一方当事人或代表该方的律所提供费用资助，待案件胜诉或和解后，由该第三方从当事人获得的胜诉收益获得一定比例的投资回报；若当事人败诉，则由第三方承担全部费用。

我国《仲裁法》并不禁止第三方资助在仲裁领域的应用。中国国际经济贸易仲裁委员会颁布的《国际投资争端仲裁规则》第 27 条明确获得第三方资助当事人的披露义务。例如，获得第三方资助的当事人应在签署资助协议后，毫不迟延地将第三方资助安排的事实、性质、第三方的名称与住址，书面告知对方当事人、仲裁庭及管理案件的投资争端解决中心或香港仲裁中心。仲裁庭也有权命令获得第三方资助的当事人披露相关情况。2022 年《上海仲裁委员会仲裁规则》也对第三方资助机制予以明确支持。

笔者建议，应进一步借鉴新加坡与中国香港开展第三方资助制度的实践经验，引入"合格第三方资助"的概念细化第三方资助条款。其一，设定第三方资助的准入条件，明确合格第三方资助者的实缴资本与控制资产的金额，如果资助者不符合要求，其将不再享有案件胜诉后分享收益的权利。其二，受资助方的律师负有披露义务，要求其尽快向法院、仲裁庭和其他所有仲裁当事人披露其客户获得第三方出资的情形以及第三方出资人的身份。当然在披露之前，可以对部分商业机密和个案敏感信息进行删减。其三，禁止第三方出资人在谈判与和解环节控制或指导被资助方进行仲裁，应确保被资助方在签署资助协议之前就相关条款获得独立的法律咨询等，从而最大限度地控制第三方资助风险，避免其对仲裁司法程序的不正当干扰。

上海发展涉外调解业务的优势、劣势、机遇与风险

笔者主要运用 SWOT 分析法，探索上海应如何通过政策的颁布与法律的实施，充分运用涉外调解业务的优势，全面总结涉外调解业务的劣势，牢牢把握涉外调解业务所面临的战略机遇，有效规避涉外调解业务所面临的法律风险。

（一）上海发展涉外调解的优势

1. 涉外调解平台的数量与调解案件的类型

近年来，无论是上海涉外调解案件的数量还是类型均取得了长足的发展。《上海市高级人民法院涉外、涉港澳台商事审判白皮书》显示：2017 年至 2021 年，上海法院涉外、涉港澳台商事案件的结案方式虽仍以判决为主，但多元化趋势明显。具体而言：以判决方式结案 2125 件，占比 49.49%；以调解方式结案 597 件，占 13.90%；以撤诉（含按撤诉处理）方式结案 960 件，占 22.36%；以裁定驳回起诉或驳回上诉方式结案共计 284 件，占 6.61%；以裁定移送或指定其他法院方式结案 138 件，占 3.21%；其他方式结案 190 件，占 4.43%，这体现了调解、撤诉比例有较大提高，多元纠纷化解机制成效明显。

以知识产权纠纷案件的调解为例，随着世界知识产权组织

（WIPO）仲裁与调解中心获批在上海自贸试验区设立业务机构，2020年7月以来，上海法院陆续将涉外知识产权案件委托给上海中心调解。2021年10月，上海市高级人民法院与世界知识产权组织签订《加强知识产权领域替代性争议解决交流与合作谅解备忘录》，[1]将委托调解案件的范围从2家法院扩大至6家法院，从上海中心已收案件来看，案件类型涉及知识产权各个领域，原告均为发达国家知名企业。再以海事纠纷案件的调解为例，根据《中国海事仲裁委员会与上海海事法院海事案件委托调解白皮书（2011—2021）》。[2]十年来，上海海事法院委托中国海事仲裁委员会上海总部调解处理案件200余件，案件涉及42个国家和地区，标的总额超过5亿元。调解成功率接近半数，近五年委托调解成功率达到62%；在海洋环境污染、海上人身损害、船舶碰撞等专业性突出的案件中，委托调解成功率普遍达到85%以上。

除了法院调解之外，上海较为知名的国际商事纠纷调解机构还包括上海经贸商事调解中心、上海市金融消费纠纷调解中心、上海银行业纠纷调解中心、上海资本市场人民调解委员会等多家涉外商事调解中心。其中，上海经贸商事调解中心是全国第一家民办非企业性质专业从事商事纠纷调解的机构，也是首批纳入"一站式"国际商事纠纷多元化解决机制的调解机构，其业务范围主要覆盖贸易、投资、金融、证券、知识产权等诸

---

〔1〕 参见《上海高院发布与世界知识产权组织仲裁与调解上海中心诉调对接工作办法》，载 https://m. thepaper. cn/baijiahao_ 19996397，最后访问日期：2022年11月2日。

〔2〕 参见《2021北外滩国际航运论坛｜发布上海海事法院与中国海事仲裁委员会海事案件委托调解白皮书》，载 https://m. thepaper. cn/baijiahao_ 15257605，最后访问日期：2022年11月14日。

多商事、海事等领域的纠纷。上海市金融消费纠纷调解中心是
国内第一家金融消费领域非诉第三方调解组织，该单位由中国
人民银行上海总部担任业务指导单位，设立的目的是依法维护
金融消费者和金融机构双方合法权益，化解金融消费纠纷。上
海市银行业保险业纠纷调解中心是原上海银行业纠纷调解中心
与上海市保险合同纠纷人民调解委员会整合而成立的金融纠纷
调解机构，其工作职能范围包括受理银行业保险业投诉，调解
银行业保险业纠纷等。上述涉外商事调解机构曾入驻临港新片
区法律服务中心。而上海市资本市场调委会是原上海市证券、
基金、期货业纠纷联合人民调解委员会，吸收上海上市公司协
会作为新增联合发起单位后成立的上海辖区资本市场矛盾纠纷
"一站式"解决平台，调解范围涵盖了证券、基金、期货、上市
公司等各业务领域。该委员会也在临港设立了调解工作室，从
而指导临港新片区证券期货经营机构开展纠纷调解工作。

总体而言，上海涉外商事调解机构数量庞大，业务范围较
广，受案数量也较多。相关商事调解机构不仅包括了专业的行
业调解机构，也涉及了仲裁机构与法院（通过仲调对接与诉调
衔接机制）；调解类型不仅涵盖普通商事案件（例如贸易、投
资、证券、金融、银行等相关领域），也涵盖海事案件与知识
产权纠纷。相关涉外商事调解机构还通过入驻法律服务中心或
设立调解工作室等多种方式支持临港新片区涉外仲裁业务的
发展。

2. 涉外调解业务的制度保障与政策优势

习近平总书记曾深刻指出，坚持和发展新时代"枫桥经
验"，把非诉讼纠纷解决机制挺在前面，推动更多的法治力量向
引导和疏导端用力，加强矛盾纠纷源头预防、前端化解、关口

把控，完善预防性法律制度，从源头上减少诉讼增量。[1]而涉外商事调解机制作为非诉讼纠纷解决机制的重要手段，无疑成了定纷止争与化解纠纷的重要路径。为了落实习近平总书记关于"非诉讼纠纷解决机制挺在前面"的重要讲话精神，2019年12月，上海市高级人民法院颁布了《上海法院涉外商事纠纷诉讼、调解、仲裁多元化解决一站式工作机制的指引（试行）》，要求上海市各级人民法院在涉外商事纠纷立案、审理过程中，引入或对接调解组织、仲裁机构及法律服务机构等社会资源，充分发挥诉讼、调解、仲裁等不同纠纷解决方式的优势，引导当事人根据不同类型纠纷的实际情况选择适宜的途径解决涉外商事纠纷，在诉讼、调解、仲裁程序之间顺畅转换提供指引。根据该工作机制的指引，上海海事法院持续完善海事诉讼与调解、仲裁有机衔接的"一站式"涉外海事纠纷多元化解决机制，制定了《上海海事法院关于涉外海事纠纷诉讼、调解、仲裁多元化解决一站式工作规则（试行）》，与中国海事仲裁委员会建立了海事案件委托仲裁机制，与上海经贸商事调解中心合作建立了委托海事纠纷委托特邀调解机制，并引入外籍仲裁员调解涉外海事纠纷。上海市浦东新区人民法院成立了涉外商事纠纷"诉讼、调解、仲裁"一站式解决工作室，开辟了涉外商事纠纷"能调则调、适仲则仲、当判则判"的"一站式"解决路径。[2]

2021年2月，《上海市促进多元化解矛盾纠纷条例》提出，

〔1〕 参见骆锦勇：《推动法治力量向引导和疏导端用力》，载 http://rmfyb.chinacourt.org/paper/html/2021-04/29/content_204018.htm? div=-1，最后访问日期：2022年10月1日。

〔2〕 参见 http://www.legaldaily.com.cn/legal_case/content/2021-07/26/content_8563390.htm，最后访问日期：2022年11月1日。

司法行政部门负责推动完善各类非诉讼纠纷解决方式，并与诉讼进行对接；指导人民调解、行政调解、行业性专业性调解工作，促进各类调解的衔接联动。该条例第二章"调解"围绕调解组织、调解员、调解活动作出了明确规定。2022 年 6 月，浦东新区人民代表大会常务委员会颁布的《浦东新区促进商事调解若干规定》明确，支持境外知名调解机构在符合境内监管要求条件下，提供国际商事调解服务，在本区设立业务机构；支持调解员个人在符合境内监管要求的条件下，采用线上或线下方式参与国际商事调解活动；鼓励律师、仲裁员等专业人士在国际商事调解活动中充分发挥个人作用。同年 10 月，上海市国际贸易促进委员会、上海市第二中级人民法院、上海市国有资产监督管理委员会、上海市工商业联合会签订《关于将非诉讼纠纷解决机制挺在前面　合力做好商事纠纷先行调解工作的合作备忘录》，提出建立国际商事纠纷"诉非衔接""调仲对接"机制与诉源治理体系，对于先行调解成功后当事人申请仲裁确认调解协议的，上海国际仲裁中心予以减免部分仲裁费用。

总体而言，无论是各级法院颁布的诉讼、调解、仲裁多元化解决工作指引，还是地方人大颁布的地方性法规（包括浦东新区法规）或规范性文件，上海对于发展涉外商事调解业务已经形成了较为完整的制度规范体系。

（二）上海发展涉外调解的劣势

虽然上海已经在构建涉外商事调解平台与加强涉外调解业务的制度保障层面取得了长足进步，但与广东搭建粤港澳国际商事调解平台，与新加坡、美国等发展涉外调解的实践相比，在协同发展行业调解、仲裁调解与法院调解，建立诉调仲多元纠纷解决平台，创新涉外商事调解机制创新等领域存在一定的差距。

1. 广东搭建粤港澳国际商事调解平台的实践及其与上海的比较

中共中央、国务院印发《全面深化前海深港现代服务业合作区改革开放方案》，提出"在前海合作区内建设国际法律服务中心和国际商事争议解决中心……建设诉讼、调解、仲裁既相互独立又衔接配合的国际区际商事争议争端解决平台……探索在前海合作区开展国际投资仲裁和调解，逐步成为重要国际商事争议解决中心"。在开放方案的指引下，深圳主要在服务粤港澳大湾区创新涉外纠纷调解机制，对接港澳法律服务市场等领域开展了积极的探索，旨在搭建粤港澳国际商事调解平台。例如，深圳前海国际商事调解中心旨在打造一套对标港澳与国际、体现深圳和中国特色的国际商事调解规则体系，试图建立健全商事调解与商事诉讼、商事仲裁的对接协作机制，解决调解程序与诉讼程序、时效合理衔接问题，建立受托调解和联合调解机制，探索运用调解协议转化（转化为仲裁裁决、法院调解协议）、司法确认、办理强制执行债权文书（调解协议）公证等方式提升商事调解可执行效力。[1]

为吸引更多港澳法律人士赴前海参与涉外调解，《深圳市前海深港现代服务业合作区管理局关于支持前海深港国际法务区高端法律服务业集聚的实施办法（试行）》，规定在前海合作区落户并实际运营的法律服务机构，聘用港澳法律专业人士的，按照截止申报时每1名被聘用并实际开展业务的港澳法律专业

---

〔1〕 参见《深圳市前海国际商事调解中心简介》，载 http://www.sqicmc.com/intro/1.html，最后访问日期：2022 年 11 月 10 日。

人士每年 3 万元的标准，给予机构用人支持；每家机构每年支持不超过 100 万元，支持期限不超过 3 年。聘用并实际开展业务的港澳法律专业人士达到 30 人以上的用人机构，一次性叠加支持 20 万元。

也分别发布了《最高人民法院关于支持和保障横琴粤澳深度合作区建设的意见》（简称《横琴意见》）、《最高人民法院关于支持和保障全面深化前海深港现代服务业合作区改革开放的意见》（简称《前海意见》）。其中，《横琴意见》提出，支持横琴法院深化"一站式"多元解纷机制建设，鼓励其与国内外商事仲裁机构、调解组织及其他法律服务机构进行工作对接。吸纳符合条件的外国及港澳地区调解组织、调解员参与国际商事、知识产权等领域纠纷调解，探索由横琴法院试点受理该类型调解协议的司法确认案件。而《前海意见》则提出，建设国际商事争议解决中心，支持前海合作区率先建立诉讼、调解、仲裁既相互独立又衔接配合的国际商事争议解决中心。进一步完善前海法院与港澳调解机构诉调对接机制，吸纳符合条件的港澳调解机构参与国际商事、知识产权等领域纠纷调解，支持港澳调解员及律师参与调解，探索由前海法院试点受理该类型调解协议的司法确认案件。探索建立港澳调解员在粤港澳大湾区执业统一资格认定制度，构建调解职业水准评价体系。

在深圳市中级人民法院的指导支持下，前海法院成立了前海"一带一路"国际商事诉调对接中心，先后与香港和解中心、粤港澳商事调解联盟等 47 家域内外调解组织建立合作关系，将境内外调解组织引入法院，聘请港澳台籍以及外籍调解员，专门针对涉港澳台或涉外纠纷进行调解，聘请超过 16 名港澳台地区和外籍法律专业人士为调解员，采用"香港地区调解员+内地调解员"

以及"香港地区调解员+内地调解法官"等联合调解模式。[1]

除此以外，近年来，粤港澳商事调解联盟、蓝海法律查明和商事调解中心、前海国际商事调解中心等国际商事调解机构在前海相继落地。其中，粤港澳商事调解联盟由深圳仲裁院设立，旨在强化与香港和解中心、香港国际仲裁中心调解会、澳门世界贸易中心仲裁中心等9家知名域外调解组织合作，开展粤港澳三地专业调解员联合培训和资格互认。[2]蓝海法律和查明调解中心积极引进美国等境外调解业务新模式，挂牌运作"商事纠纷中立评估基地"。前海国际商事调解中心通过日内瓦调解中心、瑞中法律协会开展深度合作开展跨境调解。[3]

在涉外商事调解制度创新方面，2020年，广东省高级人民法院、广东省司法厅，借鉴港澳商事调解的通常规则，联合发布了《广东自贸区跨境商事纠纷调解规则》，首次创新机制明确纠纷当事人可自愿选择国际公约、惯例及域外法律调解所发生的相关商事争议。在不与我国法律相冲突的前提下，调解可以由当事人自愿委托，也可以由法院委托提供调解服务，香港或澳门独资企业及投资人在内地可以适用香港或者澳门法律解决纠纷，粤港澳大湾区内地企业及投资人可以借鉴国际通用的商事规则、行业惯例化解跨境商事纠纷。[4]

---

〔1〕 参见《深圳特区报｜创新引起领　法治护航前海法院为自贸区高质量发展提供有力司法保障》，载 https://m. thepaper. cn/baijiahao_ 7776289，最后访问日期：2022 年 11 月 11 日。

〔2〕 参见《粤港澳仲裁调解联盟》，载 http://www. scia. com. cn/Home/index/serviceinfo2/id/30. html，最后访问日期：2022 年 10 月 30 日。

〔3〕 参见 http://www. bcisz. org，2022 年 11 月 1 日。

〔4〕 参见《广东出台新规推动多远化解涉粤港澳跨境商事纠纷》，载 https://baijiahao. baidu. com/s？id=1654576282618570014&wfr=spider&for=pc，最后访问日期：2022 年 10 月 20 日。

　　总体而言，广东在构建国际商事纠纷解决平台，吸引港澳法律人士参与涉外调解，建立多元化商事纠纷解决机制（包括诉调对接与仲调衔接），确立粤港澳调解员资质互认以及创新跨境商事纠纷调解规则方面开展了深入的探索。相比之下，上海自贸试验区新片区奖励办法尚未针对境内外调解机构吸引境外法律人士进行专项激励。换而言之，吸引外国及港澳地区调解组织、调解员参与国际商事、知识产权等领域纠纷调解的举措有待加强；法院对于涉外商事调解协议的司法支持也有待加强。另外，上海也未围绕境内外调解员联合培训与资格互认出台相应的标准，或者颁布专门适用于自贸区的跨境商事纠纷调解规则。

　　2. 新加坡发展涉外调解的相关实践及其与上海的比较

　　新加坡商事调解立法主要是 2017 年制定的《新加坡调解法案》，该法案旨在促进鼓励以调解方式解决争议。具体内容为：

　　第一，赋予和解协议以强制执行力。根据该法案的相关规定，调解协议当事人可以将和解协议提交到法院，并且申请将其转换为法院的命令，该等命令与法院法官作出的判决具有同样的强制执行性。此外，《新加坡调解法案》并不要求调解程序必须全部或部分发生在新加坡。例如，根据当事人的要求，向新加坡国际调解中心提交争议，约定调解适用《新加坡调解法案》，但是实际调解会议地点可以确定在其他国家。

　　第二，加强了法院对涉外商事调解的支持。该法案设定了专门的诉讼终止程序，如果调解协议当事人违反协议规定到法院提起诉讼的话，法院将发布相应的临时命令或补充命令以终止法院的诉讼程序，并根据案件的具体情况设定与中止有关的条件及条款，其中可能包括指示当事方应先行就争议进行调解并设定相应时限，从而最大限度地打消涉案当事人对于涉外商事调解的实际效果与审理期限的顾虑。

第三，设定了"保密性"和"无损害性"原则。"保密性"原则主要是指，除非经当事人同意，禁止参与调解程序任何人（包括当事人、调解员、调解机构工作人员）向第三方披露闭门会议中获悉的任何信息，以保证双方当事人可以在闭门会议中与调解员分享自己的实际想法与真实意图，从而促进调解的达成。"无损害"原则主要是指，除非经法院或仲裁庭同意，调解过程中提出的要约与达成的妥协不得在任何法院诉讼、仲裁程序中作为证据使用。由于双方当事人在参与国际商事调解之时可能会提出各种要约与妥协以达成和解协议，但若和解协议未达成，当事人就会担心对方将其在调解过程中所提出的要约或者妥协作为违约的证据提交至后续诉讼或仲裁程序，而"无损害"原则的确立旨在消除当事人的后顾之忧，确保当事双方在调解过程中尽量达成一致。

第四，通过建立调解员与调解服务提供方的认证体系加强调解质量的把控。调解法案本身并未围绕调解程序的内容与调解的质量作出过多规定，而是将调解质量把控的重点放在了设立调解员与调解服务提供方准入条件之上，明确外国调解员可以参与国际商事调解业务，但该调解员应经新加坡国际仲裁学会认证，调解服务提供方也仅限于新加坡调解中心、新加坡国际调解中心、世界知识产权组织（WIPO）调解及仲裁中心以及三方争议管理联盟。新加坡《法律职业法案》还规定外国律师可以作为代理人参与调解地点在新加坡，且经认证的调解员调解或调解服务提供方管理的调解案件。

经总结，《新加坡调解法案》主要通过赋予和解协议以强制执行力，加强法院对于涉外商事调解的支持，设定"保密性"和"无损害性"原则，建立调解员与调解服务提供方的认证体系，允许外国律师担任调解代理人等多种方式，构建国际商事争议解决中心。相比之下，我国并未出台专门的商事调解法律制度，仅仅颁布了《人民调解法》，立法层面对于商事调解的重视程度严重不足，上海同样未能出台专门针对商事调解的地方性法规与政府规章，对于涉外商事纠纷调解员尚未建立完善的认证机制。同时，上海在行业调解（包括律师调解）、仲裁调解、法院调解方面均存在诸多不足，涉外商事调解业务的开展依然遵循政府主导或法院主导的发展模式，尚未实现完全意义的市场化。

3. 香港特别行政区发展涉外调解的相关实践及其与上海的比较

为了鼓励调解在国际民商事案件中的运用，《香港特别行政区高等法院诉讼规则》明确，法官在开庭之前有义务通知当事人，考虑以替代争议解决机制。例如，通过调解方式解决争议。即使已进入庭审环节，法庭仍应鼓励各方在诉讼的任何阶段进行调解或和解。对于无律师代理的诉讼案件，法庭可在适合的时候指示各方尝试庭外调解或和解。对于法庭认为可以调解的案件，当事人若无正当理由拒绝，法庭有权中止全部或部分诉讼程序，并可在最后决定诉讼费用时，作出不利于该拒绝调解的当事人的决定。2010 年，香港司法机构出台的《实务指示31——调解：一般指引》指出，调解具有自愿合意和降低诉讼成本的特征，是香港民事司法制度中替代法庭诉讼的最主要争端解决方式，法官应尽量鼓励调解在法庭内外的使用，并且有自由裁量权对当事人参与法庭所建议的调解方式的程度的考量；

如果任何一方没有参与最低程度的调解，或者不参与调解而没有合理解释，法官应行使自由裁量权，追加诉讼费用，要求其承担不利的讼费令。该实务指示虽然不是法例，但它对法庭诉讼的开展发挥了指引的作用，对于法律程序的实施也具有一定的约束力。在 2013 年生效的《香港特别行政区调解条例》的推动下，几乎所有涉及民商事诉讼的当事人都会先行尝试调解。香港律政司还充分认识到建立调解员资质认证与调解质量体系的重要性，专门颁布了《香港特别行政区调解守则》，旨在为调解员订立通用标准，香港相关的专业团体也成立了香港调解资历评审协会有限公司，该公司一个由业界主导、负责调解员资格评审和处理纪律审裁事宜的单一调解员资格评审组织，目前已有超过 2000 名认可调解员。时至今日，香港和解中心是香港唯一参与联合国贸易法委员会会议的专业调解机构。联合国贸易法委员会在五十周年大会中，特别指出香港的调解专业经验及水平是亚洲地区仅有的，目前没有其他可替代的机构。

除了制度层面支持，香港法院还积极推动"自愿调解"与"转介调解"的协同发展，法官鼓励当事人参与调解，但本身并不亲自介入或主持调解程序，而是充分利用高质量与专业化的调解员团队，通过中介机构向当事人介绍合适的调解员。为此，香港高等法院内部设立联合调解专项办事处协助当事人与调解员建立紧密联系。

总体而言，香港法院对于国际商事调解机构的支持与指引，鼓励先行调解的举措，组织调解资质的评审与认证以及开展"转介调解"经验均值得上海借鉴与学习。相比之下，我国相关调解制度未能全面适用于国际商事法律纠纷，上海各级法院尚未设立专门的调解中心，主要依靠法官的自由裁量采取委派调解与委托调解等方式。并且，尚未出台相应的调解指南与工作指引，并未强制要求所有民商事案件都应先行调解，否则将承担不利的法律后果，依然由当事双方是否自行决定是否进入调解程序。上海也没有设立专门的调解员评审协会，对于调解员的资历进行评估，更没有创设个人调解员制度。其根本原因在于：无论是法院，还是合同当事人对于国际商事调解功能与作用的认知较为单一，并未将其视作建立诉调仲多元化纠纷解决机制的重要手段，而仅仅是将其认定为缓解法院诉讼压力与分流案件的主要途径。

4. 美国发展涉外调解的相关实践及其与上海的比较

"替代性纠纷解决机制"（ADR）这一概念起源于美国，原本是指各种诉讼纠纷解决机制的综合，现在引申为民事诉讼制度以外的非诉讼纠纷解决方式。根据主持争议解决纠纷主体的不同，主要分为附设在法院的 ADR 和民间 ADR 两大类。美国几乎所有的联邦法院都在不同程度上采用了 ADR，以至于 ADR 成了美国民事诉讼制度中不可或缺的组成部分，其中调解是最为普遍与常见的司法 ADR 形态。在法院附设 ADR 程序中，法官通常不直接介入调解程序，主要是由来自法院之外的律师、退休法官、相关行业专家或法院的辅助人员来促进双方和解，调解程序参与方需要注意遵循"保密性"原则。具体表现为：在联席会议过程中的所有提及信息保密；单独会议中的所有提及信息按照要求而决定是否保密；在信息披露方没有允许的情况下，调解人不能与其他当事人分享在单独会议中获悉的信息；不要求调解人求证关于任何在调解进程中讨论的事项；在调解工作完成之后，调解人的笔记应被及时销毁。

民间 ADR 同样包括了调解机制，美国目前有数百家私人开设的调解公司。其中，最大的调解公司为 1979 年成立的美国司法仲裁调解服务股份有限公司（以下简称 JAMS）。JAMS 总部设在美国，在全球有 26 个纠纷解决中心（办公室），400 余名在册的"中立第三人"，近一半是全职从事仲裁与调解工作。自 2008 年起，JAMS 经历了从非政府组织全面向公司化运作的转型历程，提供的服务范围基本涵盖了所有诉讼外纠纷解决方式，包括协助式和评估式调解、具有约束力的仲裁、中立案件评估、和解会议、小型审判、简易陪审团审判、中立专家事实调查、调查证据裁判、集团诉讼裁决等。经过多年的发展，JAMS 已经逐渐成了全球纠纷解决法律服务的领导者，年均解决 13 000 件～14 000 件纠纷。这种营利性质的调解机构将调解服务视作一种商品参与市场竞争，旨在为顾客或消费者提供高效与便利的法律解决方案。由于美国是一个"诉讼爆炸"的国家，调解机制有助于解决法院诉讼程序迟延以及成本高昂等问题，因此在美国广受欢迎。根据相关统计：在美国，只有 5%左右的民事和刑事案件最终通过诉讼方式获得解决，其余 95%都是通过非诉方式解决的，很多调解员的平均收入甚至一度超过了同属有偿法律服务行业的律师。

总而言之，美国通过法院附设 ADR 与民间 ADR 相结合的方式构建多元化纠纷解决机制，尤其重视调解过程中的信息保密性，重点加强调解机构的公司化改造，试图实现公益性调解与营利性调解并存的格局。相比之下，上海调解市场的发展依然以政府主导为主，尚未实现市场化改革，此种现状不利于全面提升上海涉外商事调解服务的质量与竞争力。

（三）上海发展涉外调解的机遇

在地方性法规层面，《上海市促进多元化解矛盾纠纷条例》第 13 条提出："本市着力构建以人民调解为基础，人民调解、行政调解、行业性专业性调解、司法调解优势互补、有机衔接、协调联动的大调解工作格局。大调解工作由司法行政部门负责牵头推进，各相关部门和组织、个人共同参与。"《浦东新区促进商事调解若干规定》主要通过建立商事调解组织名册和商事调解员名册，支持境外知名调解机构在浦东新区设立业务机构，支持调解员个人参与国际商事调解活动等多种方式开展了涉外商事仲裁制度的探索。从某种意义上讲，加速构建大调解工作格局，完善矛盾纠纷多元化解机制也是深入贯彻落实习近平总书记关于坚持发展"枫桥经验"的重要指示精神。

在国际公约层面，《联合国关于调解所产生的国际和解协议公约》（以下简称《新加坡调解公约》）于 2020 年正式生效，该公约旨在推动国际调解协议可跨国执行，使得国际商事调解制度成为诉讼、商事仲裁之外具有独立救济功能的国际商事争议解决方式，这也体现了国际调解执行制度的"统一化"趋势。我国虽已签署该公约，但仍未批准。主要原因在于，国内相关调解立法及司法实践与该公约的核心要求尚有差距，尚须进一步完善与修改，从而与国际主流规则接轨，相关内容将在下文进一步阐述。

经总结，上海发展涉外调解机制的主要路径在于：借鉴广东、新加坡与美国等实践经验创新涉外商事调解理念与制度，加强行业调解机构、仲裁机构与法院调解等商事调解方式的有机衔接与互动协同，加速建立诉调仲多元化解解决平台，对接

《新加坡调解公约》完善涉外调解机制，落实"枫桥经验"，完善海事调解制度等多个领域开展制度探索与规则创新。

1. 加强行业调解机构、仲裁机构与法院调解的有机衔接与互动协同

（1）加强行业调解机构与律所的涉外调解职能。当前，我国调解组织案源拓展模式较为单一，且市场化程度较低，主要来源于法院的诉前委托委派调解，涉外商事合同当事人在面临跨境贸易纠纷之时更倾向于将争议提交至法院或仲裁机构进行诉前调解与诉中调解。以上海经贸商事调解中心为例，作为最高人民法院确定的多元化纠纷解决机制改革课题单位和最高人民法院国际商事法庭特邀调解机构，其案源大部分来自法院的诉前调解，该调解中心收案数的增长因素并非完全由市场推动，受法院导向性的影响更为明显。当事人在缺乏外力驱动的条件下选择调解中心的主动性有待进一步提高。相比之下，上海国际商会调解中心创设的商事纠纷先行调解机制值得推广与借鉴。不同于以往的诉前调解和诉中调解，所谓的商事纠纷"先行调解"是"调（仲）诉"为一体的新型纠纷解决机制，创建了以法院为指导、以社会专业化调解机构为主导的创新模式，该调解中心鼓励引导当事人在人民法院立案之前选择以调解方式先行着手化解纠纷，从而在源头上化解矛盾。如遇调解不成，当事人凭调解不成意见书可申请将案件及时、快速转入仲裁程序或者诉讼程序进行立案。

当然，国际商事纠纷先行调解机制依然未从根本上摆脱带有浓厚行政色彩的法院主导或政府主导的模式。笔者认为，扶持与推广行业调解机构的最佳方式是推动其参与市场竞争，其核心就在于推动行业调解机构的市场化。上海应积极借鉴美国

调解公司的创建方式与营运模式，对于行业调解机构开展公司化改革；建议由政府引导，深化调解组织的体制机制改革，完善治理架构，并给予政策上的支持和规范。同时，通过广泛的宣传渠道推广商业调解，扶持调解公司的成长。具体而言，将提供的涉外调解服务与多元化纠纷解决方案视为一种商品，将涉案当事人视为消费者，其案件受理的范围不仅包括了法院委托调解或委派调解的案件，也应拓展至双方当事人在争议发生之前协商或合同签订之时约定提交至调解机构的纠纷案件；通过确定市场化的收费标准、完善调解员教育培训体系、设立调解资助基金会等多种方式提升调解组织的市场知名度与影响力；积极发展反垄断、破产、商业、集团诉讼、娱乐体育、金融市场、保险、知识产权等高端涉外调解业务，从而在业务范围上实现调解机构与仲裁、法院的错位发展，实现公益性调解与营利性调解的并存局面。

类似的问题也出现在律师调解的层面，目前律师调解工作的开展具有一定的公益性质，与市场化运作模式相距甚远。在花费同样时间精力的前提下，律师从事调解业务相较于从事传统业务、收入差距较大，导致鲜有律师积极主动地投身于涉外商事调解事业，部分律师甚至因为调解产生的收入远低于诉讼而刻意引导当事人诉讼，而非参与调解。对此，上海可以考虑推广与落实《浦东新区促进商事调解若干规定》的做法，鼓励律师在国际调解业务中发挥更大的个人作用。具体而言，借鉴深圳福田区开展调解工作室的创新试点，由政府出面向律师事务所购买律师调解服务，由律师常驻基层各部门的调解工作室向辖区内的民众提供免费的律师调解服务。待未来时机成熟之时，律师调解业务的发展模式可以从政府采购服务逐步发展为承包合同。换而言之，政府作为发包方应列明需要的调解服务内容与对应的工作环境与劳动报酬，由有意愿的律师事务所参与招投标，采取类似于律所与企业签订法律顾问合同的竞争模式。中标者作为承包方与政府签订承包合同，合同内容主要包括，由律师入驻政府基层部门调解工作室并提供一定期限的涉外调解服务。期满后，政府可根据律师事务所调解数量与成功率决定是否续约，通过市场竞争机制与招投标模式吸引更多律师参加调解，引导律师调解业务向市场化的方向发展。

（2）加强仲裁机构的涉外调解职能。除了加强行业调解机构与律所的涉外调解职能以外，还应加强仲裁机构的调解职能，尤其是发挥仲裁程序启动之前的调解功能。尽管仲裁和调解是解决商事争议的两种独立方式，但在司法实践中，通过复合运用仲裁与调解这两种争议解决方式有助于取长补短，以更为便捷的方式与更为低廉的成本帮助国际商事纠纷当事人维护自身合法权益。理论上，仲裁与调解相结合的形式主要分为"先调解后仲裁""调解与仲裁同时进行""在仲裁中进行调解""仲裁后调解"等多种方式。目前，被中国仲裁机构普遍采用的是"在仲裁中进行调解"，即在组成仲裁庭并启动仲裁程序之后，如果双方当事人有调解意愿，或一方当事人有调解意愿并经仲裁庭征得另一方当事人同意的，仲裁庭对其审理的案件进行调解，待调解不成后再恢复仲裁程序。相比之下，在仲裁程序启动之前开展调解的国际商事纠纷案例较少。2014 年，上海国际仲裁中心发布的《自贸区仲裁规则》将"仲裁与调解相结合"作为独立的一章（第 50 条至第 53 条），第六章主要包括 4 个法律条文：调解员调解、仲裁庭调解、仲裁机构外的和解、调解内容不得援引。其中的仲裁前调解和调解员调解制度是该规则的重要创新之一。

该规则第 50 条规定，一方当事人在仲裁案件受理后至仲裁庭组成前，提出书面调解申请的，仲裁委员会主任应在收到另一方当事人书面同意之日起 3 日内，在调解员名册中指定一名调解员对争议进行调解。当事人经调解员调解达成和解协议的，申请人可以撤回仲裁申请，也可以请求此后组成的仲裁庭按照和解协议内容作出仲裁裁决。如果在进行调解的过程中，任何一方当事人提出终止调解，调解员应当终止调解。并且，在任何情况下，调解员调解程序都应当在仲裁庭组成之日终止。"调解员调解"制度类似于民事诉讼程序中的诉前调解，但不同之处在于：调解员的调解不影响仲裁庭组成前的仲裁程序进行——包括仲裁申请和仲裁反请求的提出、临时措施的申请、仲裁员和仲裁庭的选择等相关事项。同时，为了强调"调解员调解"制度的独立性，该规则采取了调解人与仲裁人分离的制度，第 50 条第 7 项特别规定："除非当事人书面同意，接受指定的调解员将不得再担任本案仲裁员"，从而最大限度地降低仲裁前调解对案件实体审理的不必要干扰，更贴近国际商事仲裁实践中对于混合型非诉争议解决模式的定位和习惯。

笔者建议，《仲裁法》修订之时，应借鉴《自贸区仲裁规则》第 50 条"调解员调解"的规则，在仲裁庭组成与仲裁程序启动之前鼓励开展涉外商事调解，并保持"调解员调解"制度的独立性。上海司法行政部门与仲裁机构应积极推动仲裁前调解和调解员条款的落地与完善，经政策试点并验证可行之后，将上述制度的适用主体从个别仲裁机构扩大至全市仲裁机构，将适用范围从自贸区或新片区推广至全市。

（3）加强法院的涉外调解职能。加强法院涉外调解职能同样不容忽视。随着《上海市促进多元化解矛盾纠纷条例》的颁布,《上海市司法局关于进一步加强诉调对接工作的若干意见》《上海市高级人民法院、上海市司法局关于探索先行调解推进诉源治理工作的意见(试行)》等规范性意见予以落实,前者明确将诉调对接工作分为立案前委派调解与立案后委托调解,分别明确了委派调解与委托调解的适用范围,以及案件分流、案件登记与案件处理的主要原则与具体规定。后者更进一步,明确了适宜先行调解的范围,设定了先行引导、案件登记与依法调解的主要流程与具体规则。但值得注意的是,无论是委派调解还是先行调解均未明确被适用于涉外商事纠纷。委派调解主要适用于:①家事纠纷;②相邻关系纠纷;③劳动争议纠纷;④交通事故赔偿纠纷;⑤医疗纠纷;⑥物业纠纷;⑦消费者权益纠纷;⑧供用水、电、气、热力纠纷;⑨小额债务纠纷;⑩行政赔偿、补偿以及行政机关行使法律法规规定的自由裁量权的纠纷;⑪当事人在合同中约定发生纠纷应当先行协商,协商不成可向人民法院起诉的,在起诉前未经非诉调解组织调解的纠纷;⑫其他可以调解的纠纷。先行调解主要适用于:①婚姻家庭与继承纠纷;②宅基地与相邻关系纠纷;③小额债务纠纷;④消费者权益保护纠纷;⑤物业、电信服务纠纷;⑥水、电、气供用合同纠纷;⑦交通事故纠纷;⑧医疗损害赔偿纠纷;⑨群体性、突发性纠纷;⑩其他事宜调解的民事、行政、刑事自诉纠纷。不难发现,上海市高级人民法院在调解制度方面的创新基本局限于国内商事调解,尚未明确扩展至涉外商事调解领域。笔者建议,应发布相关指导意见,将涉外商事仲裁明确纳入委派调解与先行调解的范畴。

笔者建议,应借鉴香港特别行政区法院的经验,进一步颁布法院调解实务的工作指引与实施细则，要求法官鼓励各方当事人在诉讼的任何阶段进行调解或和解，并赋予其一定的自由裁量权。对于法官认为适宜调解的案件，当事人若无正当理由拒绝参与最低程度的调解，或者不参与调解而没有合理解释，法官有权中止全部或部分诉讼程序，并可在最后决定诉讼费用时，作出不利于该拒绝调解的当事人的决定，例如追加一定的诉讼费用。

同时，借鉴新加坡与美国法院的经验，推进"保密性"原则与"无损害原则"在司法实践层面的落地。就前者而言，主要包括禁止调解程序中的任何人（包括调解员与当事人）向非调解程序第三方披露受保护的调解信息，如果调解不成进入诉讼程序，调解确认的事实不能作为证据。就后者而言，在诉讼中，当事人为达成调解协议或者和解的目的作出妥协所涉及的对案件事实的认可，不得在其后的诉讼中作为对其不利的证据，或者推广《自贸区仲裁规则》关于"调解内容不得援引"的规定。如果调解不成功，任何一方当事人均不得在之后的仲裁程序、司法程序和其他任何程序中援引对方当事人或调解员或仲裁庭在调解过程中曾发表的意见、提出的观点、作出的陈述、表示认同或否定的建议或主张作为其请求、答辩或反请求的依据。

2. 加速建立诉调仲多元化纠纷解决平台

上海各级法院已经在建立诉调仲多元化纠纷解决平台方面率先开展了尝试。早在 2011 年，上海市高级人民法院就与中国海事仲裁委员会共同签署了《关于建立海事纠纷委托调解工作机制协作纪要》，建立了上海法院与海事仲裁机构委托调解机制。2018 年，青浦法院与上海国际贸易促进委员会、上海经贸商事调解中心签订了《上海市青浦区人民法院上海市国际贸易促进委员会诉讼与非诉讼相衔接的商事纠纷解决机制协作》《上海市青浦区人民法院、上海市经贸商事调解中心关于建立 ADR 机制的合作协议》。2019 年，《上海法院服务保障中国（上海）自由贸易试验区临港新片区建设的实施意见》明确提出，与符合条件的国际商事调解机构、仲裁机构加强沟通，共同构建"一站式"纠纷解决平台，完善国际商事纠纷多元化解决机制。如上文所述，上海各级法院也纷纷建立了涉外商事纠纷诉讼、调解、仲裁多元化解决"一站式"纠纷解决平台，并发布了相关工作机制的指引。

笔者建议，上海法院可以适当借鉴香港法院开展"转介调解"的相关经验，在法院与调解机构建立常态化双边合作渠道的基础之上，进一步扩大合作对象的范围与合作业务的边界。具体而言，在法院内部设立联合调解专线办事处，该办事处不属于法院诉调对接中心，而是由一些专业组织与社会团体，例如律协、仲裁机构与调解机构共同设立，如果法庭认为该商事案件适宜调解，在征得当事双方同意的情况下，会将案件转移至该办事处，该办事处收到案件后也会安排适合的调解员参与争议解决，从而进一步落实《上海市促进多元化解矛盾纠纷条例》《上海市司法局关于进一步加强诉调对接工作的若干意见》要求法院开展诉调对接的实践，推动法院与更多律师仲裁机构、调解机构与仲裁机构加强构建"一站式"商事纠纷多元化解决平台的合作与联系。

除了上海各级法院，上海各区也陆续采取实质性举措探索建立涉外民商事纠纷多元化解决"一站式"工作机制。例如，2021 年 4 月，长宁区法院、长宁区司法局、虹桥街道在长宁大调解框架内成立上海首个涉外民商事纠纷调解中心——"涉外民商事纠纷调解中心",旨在为中外当事人和机构提供涉外民商事纠纷先行调解、委派调解、委托调解、巡回审判以及提供域外法查明、涉外翻译、涉外公证查询渠道等法律服务。如上文所述,临港新片区也给予相应财政补贴旨在打造商事纠纷"诉讼、调解、仲裁"一站式国际法律服务中心,吸引境内外知名仲裁机构与调解机构入驻。《中国(上海)自由贸易试验区临港新片区促进法律服务业发展若干政策》规定,在临港新片区设立业务机构的境外知名仲裁、调解等争议解决机构,以及在临港新片区设立总部的境内知名仲裁、调解等争议解决机构,可申请一次性专项奖励 100 万元。在临港新片区设立分支机构的境内知名仲裁、调解等争议解决机构,可申请一次性专项奖励 50 万元。

笔者建议,未来上海自贸试验区临港新片区应借鉴深圳前海吸引港澳仲裁机构或调解机构入驻的经验,对于在临港新片区设立业务机构的境外争议解决机构以及在新片区设立总部的境内法律组织雇佣境外调解人员予以专项奖励与财政补贴,尤其是提高调解组织聘用外籍法律人士担任调解员的奖励额度。例如,对于在新片区落户并实际运营的法律服务机构,聘用外籍法律专业人士的,按照每 1 名被聘用并实际开展业务的外籍法律专业人士每年 5 万元的标准,给予机构用人支持;每家机构每年支持不超过 150 万元,支持期限不超过 5 年;聘用并实际开展业务的外籍法律专业人士达到 30 人以上的用人机构,一次性叠加支持 50 万元。同时,借鉴广东搭建粤港澳国际商事调解平台的经验,支持外籍调解员及律师参与涉外商事调解,探索由部分法院试点受理该类型调解协议的司法确认案件。探索建立外籍调解员在自贸区或新片区执业统一资格认定制度，根据"对等原则"相互承认境外调解人员的任职资质与执业年限。

3. 对接《新加坡调解公约》完善涉外商事调解机制

"一带一路"沿线国家的法律制度与营商环境的巨大差异可能成为阻挠与影响我国企业对外贸易与投资意愿的重要因素。根据2016年的一项调查：40%的受访者认为，在境外投资项目中遇到"东道国法律不完善、政策不稳定和行政效率低"等政治风险；44%的受访者表示，在海外投资中遇到政府审查，其中，超过1/4的受访者提及，曾遭遇反商业贿赂、反腐败调查，环保审查与反垄断审查；36%的受访者表示，在境外投资项目中遭遇"本地化"要求；16.8%的受访者表示在境外投资项目中遭遇"群体性劳动纠纷"；34%的受访者表示，在境外投资项目中遭遇"税务争议"；21%的受访者表示，在境外投资项目中遭遇"知识产权争议"。[1]时至今日，"一带一路"沿线国的法治环境建设已经取得了长足的进步，但上述识别法律风险的重要因素依然不同程度地影响了我国企业开展海外投资与对外贸易的意愿与积极性。相比于诉讼与仲裁，国际调解协议的缔结主要基于当事方的意思自治，不仅有利于节约司法资源与降低诉讼成本，提高当事方自愿履行义务的概率，而且为将来境内外企业继续开展合作提供更多可能。

笔者建议，上海市人民代表大会应与全国人民代表大会常务委员会法工委积极沟通，推动其尽快批准《新加坡调解公约》，或者考虑在自贸区或新片区范围内暂时调整或停止适用

---

[1] 参见《"一带一路"上的六大法律风险》，载 https://www.goalfore.cn/a/432.html，最后访问日期：2022年11月1日。

《民事诉讼法》中的部分规定，制定并出台上海市地方商事调解条例，为《新加坡调解公约》规则创新落地提供制度基础。上海地方商事调解立法的框架应参照《新加坡调解公约》，主要涵盖以下几个内容：第一章"总则"，包括立法目的、基本原则、商事调解定义、适用范围；第二章"调解员"，包括商事调解员的任职资格、应遵守的行事准则、回避制度和培训机制等；第三章"商事调解组织"，包括调解组织的性质、设立、职能、人员组成及其职责；第四章"调解程序"，包括调解程序的启动、调解参与人、调解员的选择、调解程序的终止；第五章"调解协议"，包括调解协议的制作、内容、效力等；第六章"调解与诉讼、仲裁的衔接"，包括调解协议的司法审查和执行问题。受篇幅所限，笔者主要选取公约中具有代表性与典型性的制度（普惠执行）以及基本原则（意思自治与善良原则）作出分析，并对上海地方商事调解条例相关条款的制定提出参考建议。

（1）采用普惠执行制度。上海地方商事调解条例的制定应充分落实《新加坡调解公约》中的"非歧视原则"，不设置互惠保留，而提倡"普惠执行"。具体而言，缔约方对所有国家（不论缔约方与否）的国际调解协议均应承担执行的国际义务，即国际调解协议不需要经过"来源国"认证即可在国内直接向执行机构申请直接执行，从而确保国际调解协议得到直接、便捷的执行。同时，为避免与《纽约公约》《承认与执行外国民商事判决公约》等仲裁与诉讼国际公约发生重叠或冲突，导致国际调解协议的执行出现平行程序，为当事人滥用权利敞开大门，产生救济程序的不确定性，还应确定执行层面的"岔路口"条款，明确以"可执行性"作为区分与判断国际调解协议与仲裁裁决、法院裁判的标准，即经由法院批准或在法院审理过程中订立的协议，若可在该法院所在国作为判决或裁定执行，或协议已由仲裁机构记录在案并可作为仲裁裁决执行，则不属于上海地方性商事调解条例的调整范围。

（2）遵循意思自治原则。上海地方商事调解条例的制定应充分落实《新加坡调解公约》中的"意思自治"原则，明确双方当事人在调解过程中，可以完全按照自己的意志自由协商确定调解规范、调解机构、调解地点、调解员、调解时间和调解事项等其他内容，在商事调解员的协助下友好解决纠纷与争议，而不必过多关注争议事实、法律认定及责任依据。当然，上海法院应对国际调解协议进行执行审查，执行审查的范围包括主动性程序审查、主动性实体审查和被动性审查。其中，主动性程序审查包括：调解协议是否满足国际性、商事性的要求，是否满足书面要求，是否有调解员或调解机构等调解证明，是否提交译本，是否符合申请程序要求等。主动性实体审查包括：调解协议是否违背本地政策、是否违背本地法律关于可调节事项的规定；被动性审查包括，当事人是否具有行为能力，调解协议是否被准据法认定为无效、失效或无法履行，是否不具有拘束力或不是终局的，是否被修改，义务是否已经履行，义务是否不清楚或者无法理解，调解协议是否不准予救济，调解程序是否违背调解及调解员守则，调解员是否未披露重要信息等。

（3）落实善良原则。上海地方商事调解条例的制定应充分落实《新加坡调解公约》中的"善良"原则，要求调解员遵循公平、公正和客观原则，以中立的姿态公正地协助争议双方进行调解，在尊重当事各方提出利益诉求与权衡利弊的基础之上，尽可能挖掘涉外商事纠纷当事人之间的共同利益，找寻双方当事人的利益契合点，并对国际商事调解过程中的所有事项进行保密。笔者建议，推动个人调解制度的落地是落实善良原则的重要举措。同时，还应明确个人调解与机构调解所产生的国际调解协议具有相同的效力。

对于调解主体作出分类，国际商事调解可以分为"机构调解"与"个人调解"两大类。但事实上，我国商事调解主要实施排他性的机构管理模式，即在我国境内签订调解协议的司法确认需由调解机构背书，个人调解仅存在于人民法院特邀调解员和律师调解等个别司法实践中。然而，特邀调解和律师调解均高度依赖组织和机构，实质上依然是由组织或机构指定或经由组织或机构背书的调解员开展调解。这与我国当前调解制度中普遍渗透的"人民调解"文化以及"为民调解"的公权力介入特征密不可分。相比之下，国际商事调解的达成更突出当事人的"意思自治"，商事调解员的功能在于"促进"当事方达成协议，而非"指导"当事双方，其无权在调解过程中代表当事人作出任何决定或裁定。因此，对个人调解员的约束机制无须完全与仲裁员或法官相等同，更不应由调解机构承担监督或担保功能，而更多地依赖个人调解员的自我约束以及行业协会的提倡监管。但这并不意味着个人调解员的约束机制无足轻重，在实践中，若国际调解协议出现损害公共利益或他人利益的情形，往往可以归结为调解员的专业能力与职业操守方面存在严重不足。例如，其提出的调解方案违背了我国法律的强制性规定，或者对于双方当事人达成的调解协议未尽审慎义务。相关个人调解员的约束机制与认证标准将在下文"上海发展涉外调解的风险"中予以阐述。

4. 落实"枫桥经验"完善海事调解制度

从理念设计上而言，在建设上海"国际航运中心"时代背景下，国际海事纠纷争议机制的完善已经成为多元化纠纷解决机制构建的重要组成部分，而作为对海事诉讼制度的补充，海事纠纷调解制度所发挥的作用不容忽视。一方面，海事法律关系与海事纠纷所涉及的法律具有专业性与复杂性的特点，需要专业人员与行业组织积极参与。相比于海事诉讼程序，海事调解程序节省了大量的调查取证时间、费用，有助于节约司法资源。另外，鉴于海事纠纷的跨国性，货损货差或海难事故往往发生于境外海域，海运合同与提单经常约定适用国外法律。因此，国外法律的查明与管辖权的确定成了涉外海事纠纷的焦点。适用海事纠纷调解机制，能有效避免法律查明与管辖权确定的难题，有效减轻法院裁判压力；另一方面，海事活动与贸易活动本质上属于商业行为，我国与外国开展海上运输贸易之时，难免会产生海事纠纷。在法律维权过程中，不仅应注意维权的依据，也应当注意维权的尺度。相比于法院判决这种强制性、终局性的裁判方式，海事纠纷调解等非诉手段有助于为当事双方今后的进一步合作作出铺垫。

从制度落实上而言，在"一带一路"倡议实施的时代背景下，化解我国与周边国家贸易纠纷以及海事纠纷的关键在于："避免争议，寻求共识"，维权的主旨是在最大限度地消弭我国法律与外国法律的隔阂，避免争端的发生，更好地服务"一带一路"倡议，推动沿线各国经济共同发展。毋庸置疑，"一带一路"沿线各国的海商海事法律不尽相同，就海上货物运输法而言，有的国家加入了1924年《海牙规则》，有的国家加入了1968年《海牙-维斯比规则》，有的国家加入了1978年《汉堡规则》，有的国家自行制定了海上货运法。法院对于各国的查明需要时间成本，例如委托专门机构查询。如果适用海事纠纷调解机制取代诉讼程序，无论是在法律上还是在贸易上，该制度都将发挥"润滑剂"作用，化解运输关系当事人与贸易关系当事人的矛盾，其中包括船方与船方之间的冲突、船方与货方之间的冲突、货方与货方之间的冲突，从而实现"一带一路"贸易繁荣与和谐。如果说"枫桥经验"的积累最初是基于我国传统"以和为贵"的文化环境。那么，"枫桥经验"在海事纠纷调解制度中的应用就是建立在海事活动的专业性与商业性之上。

"枫桥经验"纠纷解决程序对于海事纠纷调解机制而言，具有较大的借鉴与吸收价值。在化解矛盾的具体流程上，"枫桥经验"的具体做法包括了三点：①机构设置；②矛盾预防；③矛盾化解。[1] 而海事纠纷解决机制可以借鉴上述原则，从"建立专项机制""预测判决结果""预防矛盾激化"三个方面实施。

就建立专项机制而言，在海事纠纷调解中，也应当建立专项机制应对海事纠纷。例如，促使上海海事法院与调解机构间建立"诉调对接机制"，在法院内设置"诉调对接"调解委员会。无论是诉前调解，还是诉后调解，都属于该调解委员会的受案范围。海事纠纷当事人既能委托人民调解委员会、行业委员会与行政机构进行调解，也能申请法院调解。考虑到海事纠纷调解机制的涉外性与专业性，适当引入外籍调解员有利于争端的顺利解决。总体而言，建立海事纠纷"诉调对接"机制将推进法院与行政机构、商业机构与人民调解委员会的对接，依据相关法律、司法实践与行业惯例，在不违背强制性法律的前提下，对当事双方的利益进行协调与平衡。

---

[1] 汤啸钧：《"枫桥经验"与构建中国特色的替代性纠纷解决机制》，载《湖南公安高等专科学校学报》2010 年第 6 期。

除了传统的海事纠纷调解形式，2016 年，上海海事法院建立了"e 调解"服务平台，2022 年开展了异步审理尝试。随着"一带一路"倡议的深入实施，大量的海商海事纠纷亟须得到迅速、高效的解决，若全部经过诉讼程序进行处理并不现实，反而有可能影响海上贸易的效率性与时效性，但若将部分案件分流，通过"e 调解"或异步审理网上平台化解纠纷，有利于免除当事人的诉累、降低诉讼成本，在提高法院结案率的同时，缓解法官的办案压力，节约法院司法资源。笔者建议，对一些权利义务关系明确、争议较小、法律事实清楚的或当事人有一方在境外的海事案件，经法官建议或当事人申请，可通过"e 调解"平台或异步审理模式进行网上调解。

就预测判决结果而言，调解员在调解之时，应运用专业知识对判决结果进行预测，提前告知双方当事人，从而避免诉讼纠纷的发生。考虑到海商海事纠纷中标的额较大，法院调查与审判需要耗费大量的时间与精力，如果贸然进入诉讼程序，诉讼结果可能与其预期结果之间存在巨大的落差。因此，上海海事法院委托调解机构进行调解之后，调解委员会中的律师、行业专家、大学教授等具有丰富行业经验和威望的调解人应利用其自身经验，帮助双方当事人对判决结果形成初步的预期，协助当事人对判决结果进行中立评估与事前预测，避免无意义的诉讼与司法资源的浪费。从某种意义上讲，调解人不仅仅是法律方面的解说者、评判者或者预测者，更应当是深刻理解纠纷当事人状况和真实意愿的人。另外，漫长的诉讼进程会影响贸易的顺利开展，尤其是涉"一带一路"案件，鉴于沿线各国法律查明困难，在合同没有明确约定的情形下，其判决结果并不明朗。当前，"一带一路"沿线各国所遵循的海上货物运输法处于"四分五裂"状态，各国的立法与司法实践并不统一。根据国际海事委员会（CMI）的数据统计，"一带一路"国家共有65个，其中加入1924年《海牙规则》的国家共计7个，占"一带一路"沿线国家数量的11%，参加1968年《海牙-维斯比规则》的国家共计9个，占"一带一路"沿线国家数量的14%；根据联合国的数据统计，参加1978年《汉堡规则》的国家共计9个，占"一带一路"沿线国家数量的14%，未参加上述任意一项国际货物运输公约的国家共计40个，占"一带一路"沿线国家数量的61%。当然在这40个国家中要剔除12个内陆国家，还需要对剩余28个"一带一路"沿线海运国所适用的海上货物运输法进行查明。因此，适用海事诉讼调解程序能够最大限度地避免各国法律隔阂与法律争议。

就预防矛盾激化而言，调解机制可以应用至海事诉讼程序的各个环节，海事纠纷的调解同样可以分为诉中调解与诉前调解。就诉中调解而言，一旦案件进入调解程序，诉讼程序就应随之中止。就诉前调解而言，允许法院对符合调解条件的案件，暂缓立案先行调解，也可以委托其他机构，如行政机关、仲裁机构进行调解。《最高人民法院关于人民法院进一步深化多元化纠纷解决机制改革的意见》要求法院加强与商事调解组织、行业调解组织的对接，积极推动具备条件的商会、行业协会、调解协会在投资、金融、国际贸易等领域提供商事调解服务或者行业调解服务。目前，上海海事法院已先后与中国海事仲裁委员会、上海经贸商事调解中心等知名机构建立委托调解合作关系，颁布了《上海海事法院上海经贸商事调解中心关于建立海事海商特邀调解机制协作纪要》。笔者建议，鉴于海事纠纷案件属于具有专业性较强的类型化纠纷，航运市场化程度较高，行

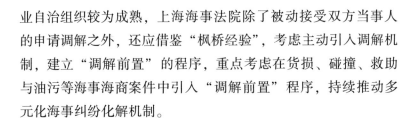

业自治组织较为成熟，上海海事法院除了被动接受双方当事人的申请调解之外，还应借鉴"枫桥经验"，考虑主动引入调解机制，建立"调解前置"的程序，重点考虑在货损、碰撞、救助与油污等海事海商案件中引入"调解前置"程序，持续推动多元化海事纠纷化解机制。

（四）上海发展涉外调解的风险

1. 对调解组织与调解员监管的影响及应对

上海发展涉外调解的风险之一在于：允许外国调解员与调解机构进入我国法律服务市场，尤其是开放个人调解员开展调解业务可能遭遇行政监管不足与缺失的法律风险。《浦东新区促进商事调解若干规定》提出，区司法行政部门应建立调解组织和调解员名册，应当制定相应的名册管理办法。在浦东新区开展商事调解活动的调解组织、调解员，可以向区司法行政部门申请加入名册。区司法行政部门应当对调解行业协会和纳入名册的调解组织、调解员加强指导和管理。纳入名册的调解组织、调解员开展或者参与商事调解活动的管理办法，由区司法行政部门根据实际情况另行制定或者提请相关部门制定。笔者建议，在未来颁布上海地方性商事调解条例之时，应明确上海司法行政部门建立市级的调解组织与调解员名册，制定相应的调解组织与调解员管理办法。例如，要求调解组织建立健全执业管理、利益冲突审查、收费与财务管理、投诉查处、年度考核、档案管理等制度，对其聘任的调解员在执业活动中遵守职业道德、执业纪律的情况进行监督。

鉴于个人调解业务的开展对于调解员的要求较高，调解员的自身能力和诚信意识在调解程序中扮演着重要角色，上海应参照新加坡国际调解协会或香港调解资历评审协会有限公司的经验，成立上海国际商事调解协会，为调解员的质量把关，制定国际商事调解的职业化标准，将跨文化及跨境调解能力作为调解员认证标准体系的核心因素之一，要求经认证的境内外调解员不仅有处理本地案件的能力，也同样有处理跨境争议的资质。同时，考虑到我国尚未构建调解员专业考核和技能培训体系，未能建立调解员能力和信誉的评价制度，建议上海国际商事调解协会尽快制定相应的个人调解员行为准则、资格认证与考核办法，率先出台以调解员能力为主的资格认可机制以及以调解员业绩为主的评价机制，积极引入世界一流的专业标准及道德准则。例如，调解员应当品行端正、公道正派、勤勉尽责，熟悉商事法律法规、商事交易规则、商事交易习惯，调解组织、调解员和相关工作人员对调解过程、调解协议和在调解过程中知悉的商业秘密以及当事人个人信息等事项负有保密义务。

2. 对调解协议执行的影响及应对

上海发展涉外调解的风险之二在于：如果未来借鉴《新加坡调解公约》涉及"调解"的定义以及关于"直接执行"的规定，可能与国内《民事诉讼法》与《仲裁法》相冲突，引起调解协议无法在国内执行的法律风险。

《新加坡调解公约》第2条第3款将"调解"定义为争议双方在调解员的调停下达成的合意解决纠纷的法律过程，同时对公约项下"调解"法律属性作出了限定，即"非诉性"，明确将经由法院或仲裁程序缔结并记录在案的调解协议排除在公约的适用范围之外。然而，如上文所述，由于我国商事调解制度主要分为法院调解、仲裁调解与行业调解三类，除了行业调解之外，无论是法院调解还是仲裁调解均呈现出"诉讼性"的重要特征，《民事诉讼法》和《仲裁法》均要求法院和仲裁机构依据调解协议制作调解书并记录在案。因此，围绕当事双方依据上述法律规定而形成的调解协议能否被纳入公约调整的范围之内，进而获得外国法院承认或执行，存在较大的争议，此种局面显然违背了我国在公约起草过程中始终强调的构建多边国际商事纠纷调解机制的基本立场。如果强制适用公约的规定，要求法院与仲裁机构开展非诉调解业务，则有可能与《民事诉讼法》或《仲裁法》的规定冲突。

鉴于公约本身并不禁止法院参与调解过程，仅仅要求调解协议未经法院记录即可申请直接执行，笔者建议，应考虑在自贸区或新片区范围内暂时停止《民事诉讼法》与《仲裁法》的适用，在上海地方性商事条例出台之时引入"非诉调解"，要求上海法院、仲裁机构在诉讼或仲裁程序开始之前主动将调解程序引入涉外商事纠纷领域，即在案件未进入司法程序之前就达成调解协议。即使在进入诉讼或仲裁程序之后，经双方协商一致，商事调解协议也可不被记入庭审笔录；通过尽可能淡化国际商事调解协议"诉讼性"特征，从而在根本上解决公约与我国《民事诉讼法》与《仲裁法》之间的冲突，实现诉讼与非诉机制的对接与协调；在有利于节约法院司法资源的同时，也有助于保障涉外商事调解协议在各缔约国的法律效力相同，均能获得普惠执行。

另外，《新加坡调解公约》赋予了国际调解协议以直接可执行性。该公约要求缔约方的主管部门在收到当事人的申请后，经审查认为符合公约的适用范围即可执行调解协议，即主管机构仅能在执行阶段对国际调解协议的形式要件和公共政策等少数实体问题进行审查。而这一直接执行的立法机制显然与我国调解协议经司法确认后方可执行的要求存在一定的冲突，最高人民法院关于《民事诉讼法》的司法解释明确规定，调解协议的执行须经过司法确认，"调解协议须经当事人、审判人员、书记员签字或盖章确认后才具有法律约束力，方可被强制执行"。换而言之，若强制适用公约的规定，极有可能造成当事双方在国外达成的调解协议无法获得国内法院的承认，且无法在国内执行。

笔者建议，在上海地方性商事条例出台之时，应明确国际调解协议"直接可执行性"的法律属性。例如，将其认定为"可执行的法律文书"，明确调解协议在进入执行程序之前无须进行司法确认，在进入执行阶段之后，才对其形式要件和公共政策等少数实体问题进行审查，使其独立于国内商事调解协议的规范体系，保障国际调解协议在国内法院获得承认与执行。

3. 对虚假调解监管的影响及应对

《新加坡调解公约》的直接执行机制也可能产生"虚假调解"的法律风险。"虚假调解"主要是指，当事双方共谋通过虚构的实体争议，意图借助民事程序达到损害第三人权利或权益的调解活动。鉴于《新加坡调解公约》对于主管机构审查范围作出严格限制，尤其是国际调解协议进入执行申请之前，司法机关无须针对当事双方争议事实及争议解决适用法律进行司法判断或司法确认，致使执行机构遭遇虚假调解的可能性增加，部分虚假调解案件的当事人经过精心准备，无论是调解协议、证据资料还是当事人的表现，均难以让法院甄别本案究竟是虚假调解还是真实调解，跨境商事纠纷的案外人申诉及主管机构对于此类申诉的认定也将愈加困难。

笔者建议，上海法院应高度重视国际调解协议的司法监督。

具体而言，应将虚假调解纳入执行国际调解协议的公共政策审查范围。审查标准包括了法律基本原则、社会公众利益和善良风俗原则。上海地方性商事调解条例虽然强调尊重当事双方的意思自治与处分自由，但这并不意味着司法机关或执行机构不需要核实事实，不顾证据存有"疑点"仍然作出执行决定。司法机关或执行机构应对当事方履行法律义务的依据以及可能涉及国家与社会利益的证据进行重点审查，在此基础上作出是否准予救济与执行的决定。同时，完善案外人在涉外商事纠纷案件执行阶段的救济权。案外人在执行阶段发现国际调解协议侵犯其合法利益，构成虚假调解，其不仅有权要求排除强制执行，更有权要求否定国际调解协议在本国的可执行性。

上海发展涉外商事诉讼业务的优势、劣势、
机遇与风险

笔者主要运用 SWOT 分析法，探索上海应如何通过政策的颁布与法律的实施，充分运用涉外商事诉讼业务的优势，全面总结涉外商事诉讼业务的劣势，牢牢把握涉外商事诉讼业务所面临的战略机遇，有效规避涉外商事诉讼业务所面临的法律风险。

（一）上海发展涉外商事诉讼的优势

1. 上海市高级人民法院受理涉外商事诉讼的现状

2022 年 9 月，上海市高级人民法院发布的《涉外、涉港澳台商事审判白皮书（2017—2021）》显示：2017 至 2021 年五年间，上海法院共受理一、二审涉外、涉港澳台商事案件 4202 件，审结 4294 件，反映出上海涉外、涉港澳台案件司法需求逐年上升。2017 年至 2021 年共审结一审涉外、涉港澳台商事案件 3673 件、二审涉外、涉港澳台商事案件 621 件。在审结的二审案件中，维持原判 342 件，维持率为 55.07%；改判 64 件，改判率为 10.31%；发回重审 32 件，发回重审率为 5.15%；其他方式结案 183 件，占 29.47%，反映出上海法院审判质效数据指标保持良性运营。2017 年至 2021 年，上海法院受理的涉外、涉

港澳台商事案件总标的为 920 余亿元。标的额在 20 万元以下的案件共 1357 件，占 32. 30%；标的额在 20 万元~100 万元的案件共 867 件，占 20. 63%；标的额在 100 万元~1000 万元的案件共 1216 件，占 28. 94%；标的额在 1000 万元以上的案件共 762 件，占 18. 13%，反映出 1000 万以上的大标的额涉外、涉港澳台案件收案数量稳定，呈均衡趋势。

从案件类型上来看，2017 年至 2021 年，上海法院一审涉外、涉港澳台商事案件收案数量占前三位的类型为借款类纠纷（包括金融借款合同纠纷、民间借贷纠纷及其他借款合同纠纷）、买卖合同纠纷、股权转让纠纷，共计 1430 件，占 40. 33%。其他相对较多案件类型及收案数为服务合同纠纷、合伙合同纠纷、损害公司利益责任纠纷。从收案类型上看，涉外、涉港澳台商事案件中涉及公司融资、对外交易、股权结构等传统纠纷案件数仍占较大比重，但案由呈现多样化趋势。公司类纠纷前五名案由为损害公司利益责任纠纷、其他与公司有关的纠纷、公司解散纠纷、公司增资纠纷、请求变更公司登记纠纷，体现了近五年来涉外、涉港澳台商事案件中涉及公司治理问题的纠纷相对集中。

从涉案国别上看，2017 年至 2021 年，上海法院受理的涉外商事案件共计 2989 件，当事人涉及 76 个国家和地区，其中超过半数涉及美国、日本、加拿大等传统贸易伙伴国，收案数量为 1503 件，占比 50. 28%。按当事人所涉国别及地区统计，前十名为：美国 305 件、日本 136 件、加拿大 130 件、韩国 122 件、英国 122 件、新加坡 122 件、澳大利亚 90 件、德国 70 件、法国 35 件、马来西亚 30 件。涉"一带一路"国家案件数量增长明显，收案数量 464 件，占涉外国当事人案件收案总数的

15.52%。而且，所涉国别范围增多，共涉及国家 44 个，包括文莱、塔吉克斯坦、巴基斯坦、新加坡、菲律宾、沙特阿拉伯、奥地利、塞浦路斯、厄瓜多尔、南非、阿尔及利亚等多个国家。其中，韩国、新加坡、马来西亚等"一带一路"国家收案量已跻身涉外国当事人前十位。

总体而言，上海涉外、涉港澳台案件当事人司法需求逐年上升，商事交易秩序较为稳定，市场规则以及法律解决争端的可预期性较明晰，公开、公正的法治化营商环境逐步显现，呈现三个主要特点：一是市场主体参与度广，案件类型全面多样，显示市场主体在更广领域、更深层次参与投资、贸易活动；二是经济形态新颖性高，交易模式日益精细，涉及高新技术、网络科技、投资咨询等多个产业，也涵盖货物贸易、服务贸易、加工贸易等不同贸易类型；三是投资者保护需求强，公司治理问题凸显，涉及公司权益及股东权益纷争的新类型投资案件及由投资企业内部治理问题引发的纠纷增多。

而上海高级人民法院首次发布《上海涉外商事审判域外法查明白皮书（2015—2021）》主要从法律查明的角度显示上海涉外商事审判领域新趋势，上海法院涉外涉港澳台商事案件类型涉及行业领域广、种类多，反映在域外法查明案件中也体现出了案由分布广泛的明显特点，涵盖买卖、委托、借贷、公司、破产、保理等十余类纠纷类型。涉外涉港澳台商事案件涉及的国家和地区达 76 个，查明需求分布最广泛的地域为中国香港特区、瑞士、新加坡、美国、墨西哥、英属维尔京群岛等，部分案件涉及多个冲突规范的识别及多个法域。域外法查明趋于精细化、复杂化，充分反映出涉外涉港澳台商事主体对上海投资、金融、贸易等领域的全面参与，在涉外涉港澳台商事审判中适用域外法的司法需求不断增长。

2. 上海海事法院受理涉外商事诉讼的现状

再以上海海事法院为例，《上海海事法院服务保障高水平对外开放涉外海事审判情况白皮书》显示：2017 年至 2021 年，上海海事法院共受理涉外案件（包括诉讼主体、标的物、法律事实涉外）以及涉港澳台案件 9277 件，同比增长 38%，其中涉港澳台案件 1187 件；审结 9279 件，同比增长 40%，其中涉港澳台案件 1193 件。案件总标的额达 104.3 亿元，同比增长153.59%，占同期全部案件标的总额的 40.2%。上述数据反映出，近年来，涉外和涉港澳台案件已经逐步发展成上海海事法院受理案件的重要组成部分。

从涉外案件中涉及的地域分布情况来看，涉及的国家及地区遍及亚洲、欧洲、南美洲、北美洲、非洲、大洋洲的九十多个国家及地区。五年以来，平均每年审理的涉外海事案件涉及国家及地区 53 个。从涉外案件标的额来看，近年来，国际航运市场呈现出波动震荡的趋势。其中，2018 年涉外海事案件标的额升至 60.2 亿元，相比于 2017 年大幅上升。2021 年涉外海事案件标的额达 22 亿元，相比于 2020 年上升约 200%。但从目前看，后疫情时代出口贸易纠纷变数较多，纠纷标的额涨跌幅度较大，航运市场受到了一定影响，相关纠纷仍有继续增多的可能。从涉外案件的类型来看，近年审理的涉外海事案件基本涵盖了上海海事法院所有的收案类型范围。从 2017 年至 2021 年，案件类型占比前四位的是海上货物运输合同纠纷（43.9%）、海上货运代理合同纠纷（15.3%）、船员劳务合同纠纷（12.7%）和船舶碰撞损害责任纠纷（4%）。值得注意的是，2020 年疫情发生后涉外船员劳务合同纠纷曾短暂大幅上升，从 2019 年的

18.67%上升至 2020 年的 26.07%。在域外法律的适用层面，上海海事法院建立外国法查明平台，依法查明并准确适用外国法或国际公约化解涉外疑难纠纷。

总体而言，上海各级法院所审理的涉外、涉港澳台商事案件无论是在案件类型、覆盖领域，还是在地域分布、涉案国别、案件总量与标的额等多个指标上取得了长足的进步，相关司法实践也充分证明，域外法的查明在涉外商事审判中发挥了越来越大的作用。

（二）上海发展涉外商事诉讼的劣势

虽然上海法院已经在受理涉外案件的总量与类型上取得了长足进步，但与广东、新加坡、迪拜与英国发展涉外商事诉讼的实践相比，在提高国际商事诉讼的可预见性、加强国际商事判决相互承认与执行，建立国际商事法庭与推动智慧法庭建设等相关领域存在一定的差距。

1. 广东开展涉外商事诉讼的相关实践及其与上海的比较

2022 年，最高人民法院颁布的《前海意见》指出，完善前海合作区国际商事审判组织体系。支持在前海合作区进一步健全完善国际商事审判组织体系，构建公正、高效、便捷、低成本的处理国际商事纠纷体制机制，打造粤港澳商事审判优选地。除此以外，最高人民法院还颁布了《横琴意见》。该意见提出，最高人民法院将完善域外法查明和适用机制，支持在横琴粤澳深度合作区人民法院设立域外法查明机构，重点加强包括葡语系国家（地区）、澳门在内的域外法查明服务，支持境内外法律专家在横琴法院出庭提供法律查明协助。支持横琴法院申请授权试点探索域外法适用机制，在不违反我国法律基本原则或者不损害国家主权、安全和社会公共利益的前提下，允许在横琴合作区注册的港资、澳资、台资及外商投资企业协议选择域外法解决合同纠纷，或者适用国际条约、国际惯例和国际商事规则化解纠纷。

在法院设置方面，最高人民法院早在 2015 年就在深圳前海设立第一巡回法庭，作为最高人民法院的派出机构，巡回法庭作出的判决、裁定和决定就是最高人民法院的判决、裁定和决定。2018 年，最高人民法院将第一国际商事法庭设立在深圳前海，第二国际商事法庭设立在西安，由最高人民法院民事审判第四庭负责协调并指导两个国际商事法庭工作。所谓的"国际商事法庭"是最高人民法院设立的专门处理国际商事纠纷的常设审判机构，实行"一审终审制"，案件审理由三名或者三名以上法官组成合议庭进行。从某种意义上讲，司法终审权在深圳前海落地极大地提升了前海国际司法公信力。同年，最高人民法院成立国际商事专家委员会，特聘 31 名中外专家为首批专家委员；[1]2020 年，最高人民法院增聘第二批 24 名国际商事专家委员。[2]根据《最高人民法院关于设立国际商事法庭若干问题的规定》，国际商事法院的受案范围主要包括：当事人依照《民事诉讼法》第 34 条的规定协议选择最高人民法院管辖且标的额为人民币 3 亿元以上的第一审国际商事案件；高级人民法院对其所管辖的第一审国际商事案件，认为需要由最高人民法院审理并获准许的；在全国有重大影响的第一审国际商事案件；依

---

〔1〕 参见 https://www.court.gov.cn/fabu-xiangqing-369861.html，最后访问日期：2022 年 10 月 1 日。

〔2〕 参见 https://m.gmw.cn/baijia/2020-12/09/1301919941.html，最后访问日期：2022 年 10 月 1 日。

照本规定第 14 条申请仲裁保全、申请撤销或者执行国际商事仲裁裁决的案件等。除此以外，国际商事法庭还与多家国际商事仲裁机构、商事调解机构合作创建了"一站式"国际商事纠纷多元化解机制。

在域外法律查明层面，前海合作区法院制定了《域外法查明办法》，确立了域外法查明"充分努力原则"，旨在建立系统完备的域外法律查明机制。具体而言，规范查明内容、主体、途径、程序、费用等相关事项，拓宽查明渠道与方式。[1]建立域外法查明专家出庭制度，创建"法院依法自主查明+香港地区陪审员和外籍、港澳台地区调解员参与查明+社会化专业力量协助查明"的立体化查明模式，[2]建立了香港地区陪审员、调解员与法律专家陪审制度，并选任了一批具有普通法教育背景，熟悉国际法、国际经贸规则的专家型法官，利用其熟悉香港特别行政区或者其他地区和国家法律、行业规则的优势，增强外国与港澳台地区商事主体对在前海投资创业的法治信心。除此之外，深圳前海还承接了"最高人民法院港澳台和外国法律查明研究基地"，承办"最高人民法院法律查明与适用研讨会"，加强与高等院校、研究机构及第三方查明机构的深度合作。[3]

在域外法律适用层面，若当事人在涉外商事诉讼中选择适

---

〔1〕 参见《前海法法院院长卞飞：前海法院适用香港法裁判案件数量全国最多》，载 https://view. inews. qq. com/a/20220906A04EKK00？refer = wx_ hot，最后访问日期：2022 年 10 月 2 日。

〔2〕 参见《最高法发布涉外审判工作情况报告三次提及前海》，载 https://baijiahao. baidu. com/s？id = 1748375356034515648&wfr = spider&for = pc，最后访问日期：2022 年 10 月 4 日。

〔3〕 参见 https://china. cankaoxiaoxi. com/bd/20150920/945348. shtml，最后访问日期：2022 年 10 月 4 日。

用域外法或香港特别行政区法规，法院将穷尽各种查明方式保障域外法的适用。根据国家统计局深圳调查队发布的《前海涉港合同适用香港法律调查报告》，约 75.3%的企业表示在投资前海时最看重公平公正的法治环境，约 76.5%的企业表示愿意与在前海合作区注册的港资企业签订适用香港法律的合同。[1]为此，前海合作区法院颁布的《关于审理民商事案件正确认定涉港因素的裁判指引》详细规范了主体涉港、标的物涉港、法律事实涉港等多种涉港因素的认定方式。例如，细化了关于"合同签订地"的涉港情形，明确了金融证券类纠纷的涉港因素认定；通过在前海适用"最低限度联系原则"的相关标准，充分尊重当事人的意思自治，扩大可以适用香港法的情形，探索在前海合作区注册的港资、澳资、台资及外商投资企业协议选择适用域外法，允许更多商事主体选择"熟悉的法律"解决纠纷；积极探索涉外因素与涉港因素的关联性，即使案件不具备涉港因素，但具备涉外、澳、台因素，当事人根据法律和司法解释选择适用香港法的，或者选择国际商事惯例或国际贸易规则的，依法予以支持。

总体而言，除了最高人民法院在深圳前海设立国际商事法庭的试点之外，前海合作区法院还建立了较为系统与全面的域外法律查明与适用机制，尤其是拓宽域外因素认定范围，旨在实现涉港因素认定的制度化、灵活化与规范化。相比之下，最高人民法院尚未在上海建立国际商事法庭（其中涉及人员编制调整的问题），上海各级法院在域外法查明以及适用方面与深圳前海也存在一定差距。例如，就域外法查明而言，相比于前海

---

〔1〕 参见《前海 11 周年特别策划丨法治中国新示范》，载 https://m. thepaper. cn/baijiahao_ 14300597，最后访问日期：2022 年 10 月 3 日。

合作区法院遵循的"充分努力原则",上海法院尚未建立完善的域外法查明专家出庭制度,以及外籍陪审员、调解员与法律专家陪审制度,具有普通法教育背景法官的数量也有待进一步提升。在域外法适用方面,相比于前海合作区法院坚持的"最低限度联系原则",上海各级法院尚未突破《最高人民法院关于适用〈中华人民共和国涉外民事关系法律适用法〉若干问题的解释(一)》的限制,在灵活采用涉外因素的认定方式、尊重当事人的意思自治、确保外商投资企业协议选择适用更为熟悉的域外法等方面存在较大的提升空间。

2. 新加坡发展涉外商事诉讼的相关实践及其与上海的比较

早在 2015 年,新加坡就建立了国际商事法庭,该法庭隶属于新加坡最高法院的高等法庭,是经过立法特别授权建立的专门审理国际商事纠纷的特别法庭。

在判决的承认与执行方面,新加坡相继加入了一系列国际协定以提高商事法庭判决的国际认可度,尤其是确保判决可以在英国、澳大利亚等多个英联邦国家或地区获得承认与执行,包括《英联邦判决相互执行法》《外国判决相互执行法》以及《选择法院协议公约》等。

在管辖权方面,新加坡国际商事法院管辖的案件主要有两类:一是对高等法院转呈的案件有管辖权。此类案件不要求合同当事人选择将争议提交至国际商事法院,如果新加坡高等法院认为由国际商事法院审理更为合适,会将其转呈国际商事法院,这也是国际商事法院最重要的案件来源渠道。二是新加坡国际商事法院直接受理的案件。此类案件的受理必须同时具备以下三个要素:具有"国际和商事"性质的争议,存在书面管辖协议(该协议可以在纠纷发生之前或之后订立),以及当事人不寻求其他的特别救济令。而对于涉外案件"国际性"与"商事性"因素的认定，新加坡国际商事法院同样持宽容的态度，认为此类争议就是与新加坡没有实际联系的案件。根据《新加坡国际商事法院令》的规定，主要包括以下两种类型的争议：①争议不受新加坡法律的管辖或限制；②争议与新加坡之间的唯一联系是各方以新加坡法律作为适用于争议的法律以及当事人向新加坡的法院提起诉讼。换而言之，新加坡国际法院对当事人的国籍不设限制，即使该案件属于离岸案件，与新加坡不存在实质性关联，但如果域外当事人各方一致达成将新加坡国际商事法庭为案件管辖法院的书面协议，其在实质上就获得了该国际商事案件的管辖权。

在诉讼程序方面，新加坡国际商事法院充分尊重当事人意思自治，允许各方当事人就是否提起上诉达成协议，如果当事人不服新加坡国际商事法院的判决，在满足特定的情形下可以自行决定上诉与否，以书面形式，放弃、限制或变更其对商事法院判决的上诉权。新加坡国际商事法庭在证据规则方面有所创新，允许在征得双方当事人同意的前提下，适用新加坡法律规则，或是其他域外证据规则。

总体而言，新加坡国际商事法院在推动判决承认与执行程序的便利化、管辖权与受案范围的扩大化、涉外案件"国际性"与"商事性"认定标准的宽松化等领域取得了长足进步，在诉讼程序（上诉与证据规则）方面也实现了制度创新。相比之下，在判决的承认与执行方面，我国尚未加入任何判决承认与执行的国际公约，主要遵循双边或者多边的司法协助协定或互惠原则，这导致我国法院判决在国外执行之时可能面临诸多制度障碍。在管辖权与受案范围方面，我国商事法庭对于"国际性"

和"商事性"标准的认定还处于初级阶段，受理无实际联系或缺少连接点的探索尚未落地，仅仅审理与中国有实质联系的案件。在诉讼程序方面，我国国际商事法庭采取的"一审终审"制度也与新加坡商事法院允许当事人自行决定上诉的做法存在较大差异，不利于当事人切实维护自身权益。

3. 迪拜发展涉外商事诉讼的相关实践及其与上海的比较

迪拜国际金融中心（以下简称 DIFC）是根据阿拉伯联合酋长国联邦法律和迪拜酋长国法律双重授权而设立的联邦金融自由区。DIFC 享有高度的自治权，其中就包括了独立的司法体系。作为具有大陆法系背景的阿联酋，其 DIFC 实行的却是普通法系的规则，在法官选任方面，具有担任阿联酋政府认可的司法领域高级审判职务经验，或者拥有普通法系丰富经验的合格律师或法官，才有资格被任命为 DIFC 法院法官。

在管辖权方面，鉴于 DIFC 法院设立之初主要的功能定位是区域性的，其主要采取了以属人管辖、属地管辖为主的原则。但是，随着 DIFC 建设的推进以及打造世界级纠纷解决中心理念的落实，迪拜进一步扩张了 DIFC 法院管辖权，允许该法院以当事人的书面管辖协议为基础，受理无 DIFC 元素的案件。例如，当事人可以在纠纷发生前，也可以在纠纷发生后书面签订的管辖权条款，同意将纠纷提交初审法院管辖的民商事案件，且协议管辖条款必须具体、清晰、明确。从结果上看，DIFC 法院管辖权的扩张为 DIFC 法院在纠纷解决方面的经验累积和声誉传播提供了基础，加速其从区域性法院到全球性法院的转型。

在判决的承认与执行方面，迪拜国际金融中心——伦敦国际仲裁院（DIFC-LCIA）仲裁中心——充分利用《纽约公约》的框架体系，在征得双方当事人同意的情况下，可以将 DIFC 法院裁判"转化"为仲裁裁决,以更方便在其他国家与地区获得承认与执行。换而言之,允许将争议提交至 DIFC 法院管辖权的当事人通过迪拜国际金融中心——伦敦国际仲裁院(DIFC - LCIA)仲裁中心——完成其终审裁判的执行。

在智慧法院的建设方面,DIFC 法院一直都被视为全球具有最先进技术的商事法院。早在 2018 年,DIFC 法院就尝试建设全球第一个区块链法庭。区块链法庭项目的前期目标是探索利用区块链技术实现司法判决跨境执行的免认证功能;中期目标是通过建设基于区块链的法院运行机制,以精简司法程序、消灭文件复制等案头工作;远期目标是利用司法经验和专业资源,处理由私人和公共区块链引起的纠纷,并通过编码的方式将规则和合同条款写入智能合约。同时,DIFC 法院还创设了未来法院项目,旨在研究未来法院如何以更有效方式处理纠纷案件。例如,如何实现 AI 技术、AR 技术与区块链技术在纠纷解决与司法裁判活动中的应用。2021 年,DIFC 法院设立了"数字经济专门法庭"。该专门法庭将处理与当前新兴技术相关的争端,涵盖大数据、区块链技术、人工智能、云服务、无人机、3D 打印技术和机器人技术等领域。

总体而言,DIFC 在扩大法院管辖权(允许受理无 DIFC 元素的案件)、选任专业法官(具有丰富司法实践经验与普通法教育背景的法官才能担任 DIFC 法院法官),提高 DIFC 法院判决的国际认可度(允许将法院判决转化为仲裁裁决)以及其推动智慧法庭建设等方面的实践是当事人选择 DIFC 法院作为管辖法院的重要原因。相比之下,我国法院受理无连接点案件的司法实践依然处于探索阶段,试点范围也局限于临港新片区范围内;具有丰富司法实践经验与普通法教育背景的法官数量严重不足;

受大陆法系抽象化、概括化与法典化等特征的影响，相比普通法系国家的判决，我国商事法庭判决的可预见性相对较弱，国际商事纠纷的类案管理水平有待进一步提高；我国尚未加入任何判决承认与执行的国际公约，主要遵循双边或多边协定以及互惠原则，导致我国法院商事判决在其他国家的执行可能面临诸多阻碍。另外，上海法院在推进区块链法庭与数字商事法庭方面还存在诸多不足，尤其是在案件受理、审理、承认与执行等多个环节尚未全面应用区块链、人工智能与大数据等技术，处理新型涉外商事案件的经验积累相对匮乏。

4. 英国发展涉外商事诉讼的相关实践及其与上海的比较

英国伦敦商事法庭设立于 1895 年，该法庭于 2017 年更名为英格兰及威尔士商事与财产法庭（为表述方便，以下简称"英国商事法庭"），不仅是世界上最大的商事、财产和商业法庭，也是最早尝试国际商事纠纷解决的国内司法机构，主要负责高等法院管辖的所有商事和商业纠纷案件。伦敦作为国际商事中心的地位和英国法本身的影响使得合同当事人乐于选择英国商事法庭作为纠纷的裁判机构。因此，与新加坡、迪拜国际商事法庭不同的是，英国商事法院在没有特别法律支持的情况下，就自然形成了"国际商事法院"，且其很多制度及作为基础的英国法都是其他国际商事纠纷司法裁判机构的范本。

在管辖权方面，早在 19 世纪，英国商事法庭就基于裁量管辖权对于当事人在境外的涉外商事进行管辖，所谓的"裁量管辖权"是指在一定情形下法院可以无须固守法定的管辖原则和规则，径自决定案件是否行使管辖权的自由裁量权。英国创设的裁量管辖是对传统地域管辖权的重大突破，为法院行使法定管辖权之外的酌定管辖权打下了理论和实践基础。在国际商事诉讼趋于自由、灵活和专业的时代背景下，裁量管辖权十分契合国际商事法庭自由化和专业化的司法功能定位，因而新加坡、阿联酋纷纷在国际商事法庭中增列裁量管辖权，允许商事法庭以当事人书面约定管辖协议为基础，受理无实际联系与连接点的涉外商事案件。当然，英国商事法庭扩大涉外案件管辖权举措也面临一定的限制，主要运用"不方便法院"原则以审查当事人的管辖协议，作为解决国际私法平行诉讼问题的方法，该原则在减轻受案法院的诉累、实现诉讼的公正和效率、避免管辖权冲突和相互冲突判决的产生等方面具有重要意义。

在诉讼程序方面，英国商事法庭作出了改革，创建了"缩短庭期规则"与"灵活庭期程序"。其中，缩短庭期规则提供了最多为 4 天的固定期限的庭审，而且必须在提起程序开始后 10 个月内开庭，诉讼请求同样应在规定时间内提交；灵活庭期程序允许当事双方就修改、限制、披露、专家、其他证据和提交期限等规则作出协商与变更。

在远程庭审方面，在新冠疫情常态化的背景下，英国正准备在所有法庭推广使用由英国法院与裁判所事务管理局新开发的"远程诉讼平台"，即通过网络电话、视频会议等平台实现案件的远程审理。目前的主流观点是，英国商事法庭不能像设立之初那样传统、简单地解决商事纠纷，法官应该运用长期所学知识，设计一种更便捷、经济、利于实现正义的案件审理方式，充分利用现有的高新科技解决纠纷。而从某种意义上讲，新冠疫情为商事法庭未来的发展提供了机遇，可以预见的是，在疫情结束之后，远程的商事庭审也将逐步成为今后涉外商事纠纷解决的主要方式。

总体而言，英国在案件管辖（创设裁量管辖权以及确立

"不方便法院"原则）方面的制度创新，以及在诉讼程序与远程庭审领域的探索是其受国际商事合同当事人欢迎的重要原因。相比之下，受法定管辖制度的限制，上海法院无法行使裁量管辖权，受理无连接点案件的司法实践同样处于探索阶段；尚未全面落实"不方便法院"原则，对于扩大管辖权可能存在的过度管辖问题缺乏系统性考量与制度设计。同时，关于我国商事法庭审理期限的规定缺乏一定的特殊性，未能充分考虑建立便捷与高效的国际商事争议解决机制的现实需求，尚未引入缩短庭期规则与灵活庭期程序；远程庭审技术尚未在上海各级法院全面推广；人工智能、大数据与区块链等新型技术在司法审判应用方面同样存在较大的提升空间。

（三）上海发展涉外商事诉讼的机遇

1. 提高国际商事诉讼的可预见性

英国开展国际商事审判的实践历史悠久，早期确立的"遵循先例"原则为国际商事法庭的司法实践提供了示范，即以判例作为主要法源，制定法作为补充，对于判例的援引必须以案件事实的可比性为基础，法官应受已有判决或先例的约束，新加坡与迪拜设立的国际商事法庭纷纷也以英国商事法院作为样本。反映到国际商事纠纷司法实践之中，大多国外当事人不愿意在我国提起诉讼或申请仲裁，在约定管辖权条款之时往往将伦敦、新加坡与我国香港特别行政区等普通法系商事法庭约定为争议解决地，当事人在诉讼中援引普通法的概率也远远高于大陆法。

究其原因，此种现状与英美法系可预见性较强密切相关，国际商事合同当事人或代理人能够参照之前的公开判决对于本案的审理结果进行合理预判。"遵循先例"原则不仅有助于保障司法的稳定性与统一性，并且有利于确保其与时俱进，紧跟国际商事贸易发展的需要。相比之下，大陆法系是工具理性的产物，以制定法为主要的法源，先例并非正式的法律渊源，这也导致了法律的制定不可避免地滞后于现实需要，而修法需要经过大量繁琐且耗时的论证程序，只能通过不断发布司法解释与颁布单行法规以"弥补漏洞"，进而引发"同案不同判"的频发生，即不同法院在对同一案件进行审理无法保持一致性。这是由普通法相比于大陆法在可预期性上的先天优势所决定的。

作为大陆法系国家，我国应如何打破普通法国家商事法庭对于国际商事争议案件的垄断？笔者认为，这看似是一个法系之争的问题，其本质上还是法院判决对于当事人是否可预期的问题。换而言之，如果我国法院能将判例法的稳定性和可预见性引入商事裁判之中，确保国际商事合同当事人据此确定自身的权利与义务，确信不会无端卷入诉讼并受到制裁，以减少不必要的纠纷和麻烦，就能吸引当事人在我国法院提起诉讼或者选择我国作为争议解决地。笔者建议，上海法院应在涉外商事领域加强类案管理，完善案例指导制度。

事实上，在类案管理领域，最高人民法院与上海法院已经陆续开展了有益的探索，早在 2011 年，上海高级人民法院颁布了《上海法院关于规范法律适用、推进法律适用统一的若干意见》；2013 年，上海高级人民法院又发布了《上海法院关于进一步加强和规范法律适用统一的若干规定》；2019 年以来，最高人民法院相继出台了《最高人民法院关于建立法律适用分歧解决机制的实施办法》《最高人民法院关于统一法律适用加强类案检索的指导意见（试行）》《最高人民法院关于完善统一法律

适用标准工作机制的意见》《关于完善人民法院专业法官会议工
作机制的指导意见》《最高人民法院统一法律适用工作实施办
法》等。近年来，上海法院认真贯彻落实中央政法工作会议关
于"完善统一法律适用机制"的要求，提出加强案例指导、建
立法律适用疑难问题网上咨询系统、编撰类案办案要件指南等
"三项工作机制"。例如，上海高级人民法院集中编撰了《上海
法院类案办案要件指南》系列丛书。在司法责任制改革与压实
合议庭办案责任的背景下，上述规范性文件与办案指南主要考
虑到法官的职业伦理和办案水平的差异导致法律适用统一性问
题突显，特别是在面对新型、复杂、疑难案件时，法官对法律
理解的差异性可能会产生"类案不同判"的风险，旨在通过科
学的类案管理积极推动法律的统一适用。

　　笔者建议，应在最高人民法院与上海法院开展类案管理探
索的基础之上，进一步聚焦商事纠纷领域加大制度探索力度。
法官应当从当事人主张事实基本一致、法院认定案件事实基本
一致和适用法律及政策基本一致的审结案件中，选定实践中占
比较高且具有类型化特征的国际商事案件作为类案主题。例如，
证券与资本市场、公司并购、国际贸易（世界贸易）、涉外争议
解决、私募股权与风险投资、跨境投资及海商海事等七大领域。
通过建立标准化的审理指南、改革审判权运行机制与审委会制
度、完善专业法官会议机制、探索推行类案裁判方法总结机制，
加强对类案裁判的指导，尤其强调类案裁判理念、裁判方法、
价值取向方面的统一，避免因司法能力差异、个案视角偏差等
导致对同类案件作出在理念、方法、价值方面的不同裁判。

　　在实施路径方面：第一，明确畅通发现途径和上报流程。
要求法官在涉外商事案件的办理中及时发现法律适用不统一的

问题并上报，明确各法院审委会在指导审判工作、讨论案件中也要关注法律适用不统一的问题。高级人民法院、中级人民法院则要通过上诉、申诉审查、再审案件审理及改发案件异议反馈、案件质量评查等方式等主动发现辖区法院相关情况适用法律的分歧，同时要求各级法院主动向其他政府部门、仲裁与调解机构收集法律适用不统一问题。第二，构建统一涉外商事法律适用平台及其数据库。如上文所述，可以考虑以东方域外法律查明中心与最高人民法院的裁判资源为数据依托，打造集法律、司法解释和案例检索、应用、研究于一体的平台，通过智能分析和人工筛查相结合，快速出具类案检索报告，提高统一法律适用的信息化水平，进而促进类似案件法律适用的相对统一，为涉外商事案件的标准化与规范化办理提供可供复制与推广的上海经验与上海智慧。第三，建立涉外商事纠纷案例指导制度。虽然案例指导并不像先例那样具有约束力，只是提供了参考作用，但产生了与遵循先例原则相近似的价值。应将提交至合议庭评议或专家法官会议讨论的案件形成参考类案与法律适用标准，法院在对案由、案件实施、法律适用与争议焦点进行总结之后定期发布指导性案例。第四，加强普法宣传及司法公开。通过典型案例、裁判原则、裁判方法和裁判流程的形式向公众公开展现法院对商事案件的处理方式，既可以在审判之前引导当事人与公众的诉讼预期，避免非理性维权，也有利于形成法律职业共同体的认知共识。

2. 加强国际商事判决的相互承认与执行

除了国际商事诉讼的可预见性之外，我国法院的判决能否在国外获得承认与执行同样重要，这也是影响国际商事合同当事人将我国约定为涉外商事争议解决地的重要因素。尽管法院判决具有强烈的司法主权性质，但海牙国际私法会议始终致力于推动制定一个全球性、统一化的规则，促使外国法院判决可以在成员方之间获得承认与执行。目前，关于承认与执行外国民商事判决的国际公约主要包括《选择法院协议公约》和《承认与执行外国民商事判决公约》（以下简称《判决执行公约》）。我国已于 2017 年和 2019 年分别签署了《选择法院协议公约》和《判决执行公约》，但至今未能正式加入，主要原因就在于上述公约中关于适用范围、管辖权、双边化条款、拒绝承认以及执行的规定，与我国国内立法以及实践存在一定的差距。

根据我国《民事诉讼法》的规定，外国法院生效判决可依据两国参加、缔结的国际条约或者互惠原则，由具有管辖权的中国法院承认和执行。《最高人民法院关于适用〈中华人民共和国民事诉讼法〉的解释》细化外国民商事判决承认和执行的规定。具体而言，我国与境外法院的商事判决主要依据双边或者多边的司法协助协定或互惠原则相互承认或执行。以双边协定为例，截至 2022 年 9 月，我国与意大利、巴西、俄罗斯、白俄罗斯、乌兹别克斯坦、哈萨克斯坦等 39 个国家缔结了双边司法协助条约，其中有 35 个含有民商事判决承认和执行的内容。[1] 再以"互惠原则"为例，我国法院主要采用"事实互惠"原则，即只有在请求国存在承认与执行我国判决的先例的情况下，我国法院才会考虑同意该请求国法院判决在中国的承认与执行。然而，事实互惠以先例为前提条件的要求却往往会演变为阻碍外国法院判决得到承认与执行的主要原因，这也是我国商事诉

---

〔1〕 参见《人民法院这十年 | 我国司法的国际公信力和影响力正在不断提升》，载 https://m.gmw.cn/baijia/2022-09/27/36052356.html，最后访问日期：2022 年 11 月 1 日。

讼业务的国际影响力与认可度不如商事仲裁的重要原因之一。

因此，推动"事实互惠"向"推定互惠"转型已成为我国有关外国法院判决承认与执行的立法趋势。最高人民法院于2015年发布的《最高人民法院关于人民法院为"一带一路"建设提供司法服务和保障的若干意见》规定："根据国际司法合作交流意向、对方国家承认将给予我国司法互惠等情况，可以考虑由我国法院先行给予对方国家当事人司法协助，积极促成形成互惠关系，积极倡导并逐步扩大国际司法协助范围。"2017年，中国与东盟国家在《南宁声明》中达成共识，即"如对方国家的法院不存在以互惠为理由拒绝承认和执行本国民商事判决的先例，在本国国内法允许的范围内，即可推定与对方国家之间存在互惠关系"。2021年，最高人民法院发布《全国法院涉外商事海事审判工作座谈会会议纪要》在第44条第1款放宽了对"互惠"的认定标准："人民法院在审理申请承认和执行外国法院判决、裁定案件时，有下列情形之一的，可以认定存在互惠关系：（1）根据该法院所在国的法律，人民法院作出的民商事判决可以得到该国法院的承认和执行；（2）我国与该法院所在国达成了互惠的谅解或者共识；（3）该法院所在国通过外交途径对我国作出互惠承诺或者我国通过外交途径对该法院所在国作出互惠承诺，且没有证据证明该法院所在国曾以不存在互惠关系为由拒绝承认和执行人民法院作出的判决、裁定。"2022年，经最高人民法院批准，上海海事法院基于互惠原则承认英国高等法院的商事判决。[1]这是中国法院首例参照该纪要承认

---

〔1〕 参见《中国法院首次承认英国商事判决》，载 https://www.sohu.com/a/548703396_ 120814277，最后访问日期：2022 年 10 月 1 日。

和执行英国法院的商事判决。由于英国法院在全球商事争议解决方面极具影响力，因此该裁定对于中国涉外商事审判和司法协助的进一步发展具有重大意义。

笔者建议，上海各级法院借鉴新加坡法院的经验，在上海海事法院承认英国商事判决的基础之上，进一步落实最高人民法院会议纪要的精神，全面推动国际商事判决相互承认与执行从"事实互惠"走向"推定互惠"。鉴于《民事诉讼法》并未将"互惠原则"限定为相关外国法院先行承认我国法院民商事判决，该原则不应被限制解释为事实互惠，而应强调两国司法协助和承认与执行领域的互动。换而言之，我国或外国相互承认对方法院的判决不应当有先后顺序之分。上海法院在司法裁判中适用互惠原则之时，应逐步突破"事实互惠"的传统认识，依据"推定互惠"原则承认国内外法院商事判决的案件，即只要根据外国法院所在国的法律，中国法院的判决可以得到承认及执行即应当认定存在互惠关系。

具体而言，通过发布更多的裁判指引与会议纪要，拓宽互惠原则的适用范围、统一承认和执行外国民商事判决案件的审查标准、为民商事判决的跨境执行营造了良好的法治环境。待未来时机成熟之时，推动司法部与"一带一路"沿线国司法行政部门加强司法合作，签订区域间判决承认与执行的多边协定，或者推动全国人民代表大会尽早批准《选择法院协议公约》和《判决执行公约》，又或者借鉴迪拜国际金融中心法院的经验，推动商事法庭与仲裁机构合作，允许将我国际商事法庭的判决转化为仲裁裁决，使其在《纽约公约》的制度框架下获得其他国家法院的承认与执行。

3. 加速设立国际商事法庭

上海高级人民法院应与最高人民法院积极沟通，理顺法院内部的体制机制，争取尽快在自贸区新片区内设立国际商事法庭，通过集中受理涉外商事纠纷为上海全面建设国际法律服务中心提供争议解决平台与体制机制保障。

从宏观战略层面来看，通过吸引中外当事人将上海作为争议解决地，有助于为我国企业"走出去"以及"一带一路"沿线贸易的发展提供制度支撑与基本框架。一方面，鉴于"一带一路"国家法律传统与法律制度不尽相同，而我国企业在投资或贸易进程中不熟悉当地关于劳工条件、市场准入与环境保护方面法律法规，导致同一起案件的处理结果可能截然不同；另一方面，部分国家法治化营商环境较差，尤其是部分东南亚国家存在执法不透明、设立绿色壁垒等诸多限制投资贸易便利化措施，导致我国企业的合理诉求与商业利益往往无法获得当地法院的支持。反之，如果双方约定将争议提交至我国商事法院，将极大提高判决结果的可预期性，最大限度地规避上述合规隐患与法律风险。因此，设立国际商事法庭已成为我国加强"一带一路"沿线贸易司法保障与救济机制的重要环节。

从制度引领层面，目前我国是世界上设立商事审判机构与受理商事案件数量最多的国家之一，通过在上海设立国际商事法庭，制定符合我国国家利益、司法体制与发展实际的裁判规则，扩大国际商事法庭的管辖权、明确域外法的查明与适用，创新国际商事诉讼程序，有助于推动我国积极参与国际商事规则的全球治理体系，从而引领全球商事纠纷解决机制与规则的变革乃至构建。

（1）扩大国际商事法庭管辖权。根据《设立国际商事法庭若干问题的规定》及《国际商事法庭程序规则（试行）》的规定，如果当事人拟通过协议方式选择最高人民法院国际商事法庭管辖，需要证明我国与当事人或者争议存在实际联系，即"当事人一方或者双方是外国人、无国籍人、外国企业或者组织的；（二）当事人一方或者双方的经常居所地在中华人民共和国领域外的；（三）标的物在中华人民共和国领域外的；（四）产生、变更或者消灭商事关系的法律事实发生在中华人民共和国领域外的"。不难发现，上述规定与《选择法院协议公约》就协议管辖事项充分尊重当事人的意思自治（双方选择法院无须证明争议与法院所在地存在实际联系）的规定相比，还存在一定差距。

上海高级人民法院于2019年颁布的《上海法院服务保障中国（上海）自由贸易试验区临港新片区建设的实施意见》明确提出，探索受理没有连接点，但当事人约定管辖的国际商事案件，强化我国法院对于新片区相关的离岸交易、跨境交易等国际商事交易的司法管辖权。笔者建议，未来上海国际商事法庭对于涉外案件的管辖应落实上述实施意见的精神，扩大国际商事案件的受理范围。具体而言，参照新加坡、迪拜与伦敦商事法院的做法，赋予法院受理案件的裁量管辖权或对于涉外因素"国际性"与"商事性"作出宽松化的认定，突破"属人管辖"或"属地管辖"的固有规则，允许国际商事法庭以当事人的书面管辖协议为基础，受理无中国元素的案件。原则上，只要争议案件兼具涉外性和商业性，且当事人同意，即可将争议提交给我国国际商事法庭，而无需证明我国与当事人或者争议存在实际联系，争议与我国之间的唯一联系是各方选择我国法律作为适用于争议的法律以及当事人向我国商事法庭法院提起诉讼。

协议管辖条款可以在纠纷发生前签订也可以在纠纷发生后签订，且具体条款必须具体、清晰、明确，从而吸引全球商事案件在上海国际商事法庭审理，依法维护中外企业在国际商事贸易中的合法权益，促进我国企业更好地防范、化解相关法律风险。

（2）明确域外法的查明与适用。根据《最高人民法院设立国际商事法庭若干问题的规定》的规定，国际商事法庭审理案件，依照《涉外民事关系法律适用法》的规定确定争议适用的实体法律。当事人依照法律规定选择适用法律的，应当适用当事人选择的法律。

笔者建议，对于当事人在涉外商事诉讼中选择适用域外法的情形，法院将穷尽各种查明方式保障境外法的适用。具体而言，借鉴深圳前海法院的做法，确立域外法查明"充分努力原则"。例如，建立域外法查明专家出庭制度，以及外籍陪审员、调解员与法律专家陪审制度；借鉴迪拜的经验，选任具有丰富司法实践经验与普通法教育背景的法官；借鉴新加坡的做法，允许注册外籍律师出席，利用其熟悉相关国际规则与其他国际法律法规等的优势尽可能实现境外的法律查明。

未来上海国际商事法院在受理涉外案件之时还应当适用"最低限度联系"原则以确保域外法的适用。具体而言，颁布《关于审理民商事案件正确认定涉外因素的裁判指引》，详细规范主体涉外、标的物涉外、法律事实涉外等多种涉外因素的认定方式，充分尊重当事人的意思自治，探索在自贸区或新片区注册的港资、澳资、台资及外商投资企业协议选择适用更为熟悉的域外法。

（3）创新国际商事诉讼程序。当前，我国国际商事法庭采用"一审终审"的司法体制，对于协议选择的最高级别限制意味着当事人只能放弃上诉救济的机会，此种做法遵循了我国现行司法机关的位阶体系，在一定程度上体现了国际商事法庭高效、便利、低成本的原则和理念。但反过来分析，此种做法无疑剥夺了当事人继续寻求纠纷救济的权利。

笔者建议，未来上海国际商事法庭应按照中级人民法院的规格予以设置，集中管辖上海市辖区之内应由中级人民法院受理的涉外、涉港澳台商事案件、信用证、保函纠纷案件，包括申请止付保全案件；跨境破产协助案件；民商事司法协助案件；当事人申请确认仲裁协议效力的案件，申请撤销我国内地仲裁机构仲裁裁决的案件，申请承认和执行外国仲裁裁决等仲裁司法审查案件、与自贸区或新片区有实际联系的商事案件；考虑借鉴新加坡的经验，赋予当事人上诉或二审的诉讼救济权利，在是否提起上诉的选择上遵循当事人意思自治，允许以书面形式，放弃、限制或变更其对 SICC 判决的上诉权。通过合理安排人员编制与妥善职能分工，使得现有的中级人民法院不再承担涉外商事审判功能，更加突出国际商事法院涉外商事审判专业化的特征。

在审理期限上，未来上海国际商事法庭可以适当参照英国商事法院的做法，引入缩短庭期规则与灵活庭期程序，明确固定期限的庭审，允许双方就修改、限制、披露、专家、其他证据和提交期限等规则作出协商与变更，旨在为双方当事人争议的解决提供量身定制的裁判程序；可以参照新加坡国际商事法庭的经验，允许各方当事人在协商后选用其他国家的证据制度。

4. 推动智慧法庭的建设

近年来，上海已经在智能化庭审领域开展了诸多制度探索。例如，2021 年，上海市高级人民法院出台了《关于完善全流程网上办案体系促进审判高质量发展的指导意见》，从制度规范体系、实施操作体系、监督管理体系、全面保障体系四个方面，对全流程网上办案进行依法规范；围绕近几年来法院网上立案与随机分案、在线庭审、庭审记录改革、智慧执行、诉讼文书网上生成、电子卷宗单套制改革与网上阅卷等举措，进行总结提炼，细化注意事项；强调人工智能辅助办案。明确庭审记录改革、文书自动生成、信息自动转录、电子卷宗单套制归档等，例如可以运用人工智能技术减轻办案人员的事务性工作压力，提高工作质效；网上立案、网上阅卷、远程在线庭审等可以依托互联网技术，节约当事人诉讼成本，方便群众诉讼。笔者建议，应在此基础之上，设立区块链法庭与数字商事法庭，充分利用网络技术与区块链平台，对接公证与司法鉴定机构。

（1）设立区块链法庭与数字商事法庭。在疫情常态化的背景下，远程庭审与视频会议正逐步成为主流，这一点已经为英国商事法庭所认知，即使疫情结束，商事法庭也应推广使用相关在线诉讼平台。上海智慧法院的建设与发展也不应止步于网上办案与线上庭审的开展，而是应参照 DIFC 法院的经验，与国内知名的网络科技公司开展合作，将区块链、大数据与 AI 技术与网络庭审紧密结合，探索建设全国首个区块链法庭。利用区块链技术去中心化、不可篡改、智能合约等特性，通过区块链电子存证核验机制，实现起诉状自动生成、当事人身份信息自动提取以及原始电子证据的瞬息固化和存证验证，确保证据来源可靠、无法篡改，从源头上保障电子证据的真实性和可信性，推动完善区块链存证的标准和规则，提升电子证据认定的效率和质量。同时，运用区块链技术实现司法判决跨境承认与执行，全面落实《最高人民法院关于加强区块链司法应用的意见》，在域外法跨境承认层面，对于当事人提交的域外法的相关规定、普通法国家的判例、当事人需要申请承认和执行的域外民事判决的材料上链。法官在审查当事人提交的外国法、国外判例是否现行有效，当事人提交的域外民事判决是否真实存在、生效时，即可作出肯定性评价。在域外法跨境执行领域，应全面推进审判与执行办案系统信息互通和数据共享，探索建立裁判文书不履行自动触发执行立案等业务规则和联动机制，让执行部门提前介入不履行裁判文书的案件，降低执行不到、执行不能的概率，提前发现或控制义务人的财产。待将来时机成熟之时，设立数字商务法庭，专门处理与当前新兴技术相关的法律争端，涵盖大数据、区块链技术、人工智能、无人机、3D 打印、机器人与智能合约等诸多新兴领域。

（2）对接公证与司法鉴定机构。智慧法庭的建设还有利于加强法院与公证、司法鉴定机构的职能对接。随着"一带一路"倡议的逐步推进，我国企业开展对外贸易与投资，包括投标、立项与承保工程，在境外设立办事机构或采取法律行动均需要根据沿线国家的法律法规办理各类涉外公证程序。国外当事人若办理委托、声明等涉及签名类的公证，域外的公司、组织在我国法院提起民事诉讼，向法院提交的证明其身份的材料，需要亲自跑到公证处申请；若当事人在境外，或在我国境内没有居住地、住所地的外籍当事人、无国籍人在我国法院提起民事诉讼，需要到我国驻外领事馆办理，或者在国外的公证处申请之后办理双认证程序，颇为费时费力。

为推动"简政放权"，落实"最多跑一次"的精神，现阶段上海应探索通过网络视频开展在线公证，对于涉外商事公证类业务，打破公证法和公证程序规则规定的必须当面签署的要求，通过制定周密的程序，保证当事人法律行为和意思表示的真实，允许当事人在国外通过视频方式办理涉外证据保全类业务等。鉴于涉外公证业务针对跨境公证文书的传输提出了更高的要求，在线公证业务的推广与应用也需要高效与可靠的公证文书核验机制；建议未来重点将区块链技术应用于涉外公证领域，允许当事人将诉讼材料上链全程留痕，予以保存，有效确认域外自然人、公司、组织等身份证明文件和域外当事人提交的委托书的真实性，减少法院在程序审查环节的工作量，防止虚假诉讼或者当事人主体资格发生变更或者灭失时导致实体审理出错，以及恶意的委托代理人假冒案件当事人进行虚假诉讼或者损害当事人合法权利等行为。

再以涉外税务司法鉴定为例，涉外税务司法鉴定是指依法取得有关涉外税务司法鉴定资格的鉴定机构和鉴定人受司法机关或当事人委托，依法对涉外案件中的税收专业问题进行鉴定的活动。但税务司法鉴定在办理过程中可能出现重复鉴定的情形。例如，侦查、检察与审判机关分别在不同阶段各自制定涉外税务司法鉴定机构，导致鉴定结论不一致，不利于追究当事人的税收法律责任，容易让国外当事人质疑我国的司法公正性。因此，有必要明确，只要经上海司法局授权的涉外税务司法鉴定机构作出了合格的司法鉴定意见，并将相关的鉴定证明上传至区块链平台，当事人便不得要求重复申请鉴定，除非举证证明该界定结论存在形式或内容上违法违规的情形。

综上，加强智慧法院与公证机关、司法鉴定中心智能的对接，有条件地认可当事人在区块链上提交证据、域外当事人基础信息等证明材料、当事人在域外形成的授权委托书的合法性，有利于防止诉讼当事人因为无法证明上链证据是原始证据而被我国法院不予采信，最大限度地保证当事人提交的上链证据材料的证明力，同时也能有助于我国法官审理涉外民商事案件程序的合法性与实体审理的有效性。

（四）上海发展涉外商事诉讼的风险

若未来上海国际商事法庭允许外国注册律师出庭，这不仅对于国内律师的专业优势与市场份额而言，构成了严峻挑战；就上海司法局对于外籍律师的管理而言，也提出了全新的命题。关于这一点，笔者已经在上海发展涉外律师业务的相关章节作出了阐述，在此不再赘述。本节主要围绕上海发展涉外商事诉讼业务对于法院的法律适用、管辖权行使等方面造成的影响作出分析，并提出对策建议。

1. 对法律适用的影响及应对

根据笔者提出的建议，对于当事人在涉外商事诉讼中选择适用域外法的情形，国际商事法庭应穷尽各种查明方式，适用"最低限度联系原则"保障境外法的适用。但问题在于，相比于国内法律，国内当事人对于涉外法律并不熟悉，当初之所以在合同中约定适用境外法，主要原因可能是其在合同谈判中处于相对弱势地位，在争议解决条款的制定方面话语权较弱，为了承揽业务的需要而被动接受国外当事人适用境外法的要求，一旦发生法律纠纷，国内当事人往往承担赔偿或败诉的不利后果，需要承担更大的经济损失。

对此，笔者建议，应重点引导企业在开展"一带一路"贸易活动之时，了解沿线国当地的商业法律制度与争端解决方式，在合同签订之时预判可能产生的法律风险。具体而言，上海司法局可以组织与整合高校、律所、投资咨询公司与海外投资企业的力量，建立海外投资贸易咨询、指导与服务机构，对于相关投资贸易活动及时进行跟踪监督与规划指导，发挥法律风险宏观调控者的作用。在深入调研的基础之上，对"一带一路"沿线各国的业态基础与营商环境进行总体评估，颁布相应的风险评估报告与投资贸易国别指导目录，或者设立"一带一路"法律法规大数据库；对企业开展对外投资行为进行规范与指引，引导其设立专门的风险管理部门与完善的合规制度，制定一系列合规管理方案与风险防范预案。例如，细致研究合同履行与争议解决条款，准确把握当地关于劳工、环境与知识产权保护的相关标准，尤其是在进行投资贸易活动之前对当地法治化营商环境进行尽职调查与全面调研。

待未来时机成熟之时，上海司法局应鼓励相关行业协会、商会与企业推出既能与国际接轨，又能适应中国法、中国诉讼或仲裁的涉外商事示范合同与标准格式合同，在管辖权与法律适用条款中将争议解决地约定在上海国际商事法庭，并适用中国法律，以争夺规则制定的话语权与影响力。以海商海事领域为例，在租船、海难救助与共同海损等相关领域，当前国际上的主流租船合同是 BIMCO 颁布的金康合同与 BALTIME、美国纽约土产交易所制定的 NYPE 等，主要的救助合同为劳合社颁布的 LOF，主要的共同海损民间规则为《约克－安特卫普规则》。相比之下，我国在租船与救助领域尚未出台具有国际竞争力的标准格式合同，而在共同海损领域虽然发布了《北京规则》，但相关规定与司法实践脱节，当事人在涉外合同中约定适用该规则的情形寥寥无几。因此，推出符合我国国情与适应航运趋势的标准格式合同，有助于切实维护我国商事主体的合法利益，提高在涉外纠纷解决中适用中国法、示范合同或标准合同的概率。

2. 对管辖权的影响及应对

根据上文的建议，未来应赋予国际商事法庭受理案件的裁量管辖权或对于涉外因素"国际性"与"商事性"作出宽松化的认定，以当事人的书面管辖协议为基础，受理无连接点的涉外商事案件。但问题在于：基于"无连接点"与"无实质联系"原则而行使的国际商事管辖权可能被视为"长臂管辖"在司法领域的延伸。美国司法体系被外界广为诟病的一点就是管辖权的无限扩张，即为了本国利益将法律的适用范围或其司法管辖范围扩展至该国领土以外，域外管辖权的行使不仅可能导致诉讼爆炸，也可能会严重侵犯他国的案件管辖权乃至司法主权，进而引发各国之间管辖权的冲突。

因此，国际商事纠纷的管辖权不应无限扩张，而是应被控制在一定的限度之内：一方面，只要当事人在涉外商事合同中明确将争议提交给国际商事法庭，无论我国与当事人或者争议是否存在实际联系，法院在原则上均有权管辖；另一方面，应借鉴英国商事法庭的经验，在涉外商事领域严格遵循"不方便法院"原则，即法院虽然对该涉外案件具有管辖权，但如审理此案将给当事人、证人、律师及司法程序带来种种不便之处，无法保障司法公正，不能使争议得到迅速、有效的解决，并且存在对诉讼同样具有平行管辖权的可替代法院，则原法院可以自身属"不方便法院"为由，依职权或根据被告的请求作出自由裁量而拒绝行使管辖。换而言之，法院在适当扩大涉外商事纠纷管辖权的同时，也应注意避免过度管辖。

笔者建议，上海国际商事法庭应率先发挥示范效应，建立重大涉外案件管辖报核制度，由上海高院统一掌控尺度，防范涉外经济管理案件的不良溢出效应。充分考虑我国与"一带一路"沿线国签订的涉及管辖权的司法合作协定，充分落实《最高人民法院关于适用〈中华人民共和国民事诉讼法〉的解释》第530条的审查标准，明确司法管辖权扩张所能涵盖的域外对象有哪些？例如，企业注册地、住所地、当事人居所、国籍、财产所在地、实际经营与管理活动、诉讼原因与法律纠纷发生在我国境内（满足上述任一要件）或双方当事人约定由我国法院进行审理，且我国法院具有管辖权的涉外商事案件。国际礼让与不方便管辖的具体情形有哪些？例如，被告提出案件应由更方便外国法院管辖的请求，或者提出管辖异议；案件不涉及中华人民共和国国家、公民、法人或者其他组织的利益；案件争议的主要事实不是发生在中华人民共和国境内，且案件不适用中华人民共和国法律，人民法院审理案件在认定事实和适用法律方面存在重大困难；外国法院对案件享有管辖权，且审理该案件更加方便；合同条款违背我国公共政策或强制性条款等。构建区域间多元化的涉外商事管辖协作模式，避免当事人挑选法院、择地刑诉与滥用管辖权。加强司法互信，以降低"一带一路"沿线国之间涉外商事诉讼管辖权冲突的可能性。

上海打造国际法律服务中心指标
体系与阶段目标

　　根据上述各章节的研究内容，笔者构建了上海打造国际法律服务中心的指标体系：一方面，有助于对上海打造国际法律服务中心的实际成效与运作机制进行全面评估；另一方面，有利于为上海发展涉外法律服务提供路径指引与决策参考。该指标体系主要分解为 1 级、2 级与 3 级指标，并且围绕具体指标设定了短期、中期与长期的阶段性目标。一般而言，实现短期目标的期限为 1 年~2 年，选择的指标主要属于上海各委办局的职权范围之内，可能在短期内可以实现的目标；中期目标为 3 年~5 年，选择的指标主要为需要上海各个委办局之间加强合作乃至需要协调中央部委以获取支持的目标；长期目标为 6 年~8 年，选择的指标主要为需要突破上位法或者属于中央事权范畴等难度较大的目标。通过指标体系的构建与阶段目标的设定，力争在 2025 年之前全面建成法律服务行业全要素体系，在 2030 年之前打造引领全国、辐射长三角与面向全球的国际法律服务中心。

　　就各类指标与子指标的选取标准而言，其不仅参考了国外知名法律评级机构的评估体系（例如，亚洲法律杂志、钱伯斯、Legal 500 对于律师与律所的评价模式），以及国际知名学者的调查报告，例如《国际仲裁调查报告》对于影响当事人选择争议解决地因素的选择。而且也融入了具有中国特色，符合我国涉外法律服务业发展实际情况的具体指标。例如，司法部颁布的《全国公共法律服务体系建设规划（2021—2025 年）》以及全国涉外法律服务示范机构（律师事务所）的评选指标等。

就各类指标与子指标所包含的内容而言，根据上述论文的框架体系，同样由涉外律师服务、涉外仲裁服务、涉外调解服务与涉外商事诉讼服务等四大要素组成，分别对应上述的研究思路，对上海在发展涉外律师、仲裁、调解与商事诉讼服务中所面临的机遇与风险等主要目标以及重点措施予以提炼，如表5至表8所示，从而为将来打造上海国际法律服务中心的总体规划与立法草案提供理论支撑与智力支持。

表5　上海涉外律师服务发展指标体系与阶段目标

类别	1级指标	2级指标	3级指标	阶段性目标
涉外律师服务	涉外律师的数量与规模	涉外律师培育数量与规模	涉外律师基础教育的建设	短期：本科阶段开设法律职业教育通识课程（涉外律师）； 中期：研究生阶段增设"涉外律师"研究方向，吸引更多学生以"涉外律师"为主题参与相关课题研究与论文撰写
			涉外律师市场化办学程度	短期：推动涉外法律职业培训与认证体系的建立； 中期：引导公办或民办法律培训机构建立标准化的课程培养体系，牵头举行专门的涉外律师执业认证考试； 长期：允许中外办学联合培养涉外律师，设立中外合资乃至外商独资经营性职业技能培训机构

类别	1级指标	2级指标	3级指标	阶段性目标
	涉外律师的数量与规模	涉外律师培育数量与规模	涉外律师人才库的建设	短期：推动更多上海涉外律师进入国家级涉外法律人才库； 中期：扩大本地涉外法律人才库的范围，对于上海涉外律师人才进行分级分类管理
		涉外律师的吸引力度		短期：发布涉外律师执业人才引进政策，发放执业补助与安家补助，免费提供办公场所或减免办公费用，免年审费用，举办定期推介会以及提供执业协助服务； 中期：在部分法院开展外籍律师参与诉讼或在部分律所开展外籍律师参与非诉业务的政策试点； 长期：举行外籍律师课程培训，举办外籍律师执业资格考试，允许通过考核且在我国司法局注册登记的外籍律师在部分法院开展执业活动，但严格限制其执业范围
	涉外律师服务的国际影响力与知名度	律师在国际争端解决组织中任职的人数与占比		短期：推荐更多优秀涉外律师进入 ICC CHINA 与 AIPPI 中国分会下设的各个委员会； 中期：推动更多优秀涉外律师进入 ICC 与 AIPPI 等国际商事、仲裁与调解组织总部的专家机构、评审机构、咨询机构与争端解决机构任职
		国内外律师交流合作平台的构建		短期：推荐更多律师加入中华全国律协成立的"一带一路"律师联盟，鼓励与选派涉外律师在国际律师联盟、环太平洋律师协会、亚太法律协会等重要国际律

类别	1 级指标	2 级指标	3 级指标	阶段性目标
涉外律师服务的国际影响力与知名度	国内外律师交流合作平台的构建			师组织举办的国际会议与论坛上进行发言等； 中期：支持部分头部律所牵头成立"一带一路"上海律师联盟或上海合作组织律师协会；定期举办世界律师大会与法律服务专题展
涉外律师服务品牌与能级	示范机构的创建与国际一流律师事务所标准的制定	具有取得境外律师执业资格，能以外语为工作语言，取得境外高校学位律师的数量与占比；立境外分支机构情况；五年完成涉外案件量与收费数等	短期：鼓励律师事务所创建全国涉外法律服务示范机构； 中期：牵头组织创建上海涉外法律服务示范机构，指导有关律师事务所按照国际一流律师事务所标准加强建设

类别	1级指标	2级指标	3级指标	阶段性目标
		境外律所设立分支机构		短期：定期召开"律师事务所赴境外设立分支机构专题辅导政策说明会"，引导涉外律所根据自身的优势与专长实现"一站式"的法律服务供给 中期：简化律所申报境外分支机构投资总额、境内方出资比例、境内方出资总额、出资币种流程；提供行政审批、财政支持、税收减免、跨境收支、人员出入境与外事政策方面的路径指引与政策优惠
		东方域外法律查明服务对象与服务范围		中期：允许涉外律师通过检索相关法律法规的同时，关联相关案例、司法解释乃至学术论文，实现法规库、案例库与学术索引平台之间的互联互通
	境内外律所合作机制与方式	中外律所互派律师顾问、雇佣外籍法律服务人才		短期：给予聘请外籍法律服务人才的律所一定的财政补助； 中期：将中外律所互派律师顾问试点的范围从自贸区逐步推广至浦东新区全域乃至全市，放松参与试点的中外律师事务所的执业人数与设立时间的限制； 长期：设定外国顾问的执业范围、认证资格和登记事项、执业条件，明确其权利义务，并颁布道德准则、登记条例、处分规则、广告规则等相关实施细则
		中外律所联营		短期：完善吸引境内外联营律所在新片区设立的支持措施与补贴政策；

续表

类别	1级指标	2级指标	3级指标	阶段性目标
				中期：试点的范围从自贸区逐步推广至浦东新区全域乃至全市，全面提高中外律所合伙联营机制与合作方式的可操作性； 长期：探索合伙型联营，明确出资金额与出资比例，建立相应律师职业责任保险制度，加强行政监管措施

表6　上海涉外仲裁服务发展指标体系与阶段目标

类别	1级指标	2级指标	3级指标	阶段性目标
涉外仲裁服务	仲裁庭人员组成多元化与人才培养	仲裁庭人员的多元化与国际化比例		短期：仲裁机构为涉外合同当事人提供的仲裁员名单之中，境内外仲裁员的比例基本相当； 中期：推动以理事会为核心的现代化法人治理架构转型； 长期：在所有的涉外仲裁机构推广开放名册制，放宽仲裁员准入条件
			涉外仲裁人才培养	短期目标：本科阶段开设法律职业教育通识课程（涉外仲裁）； 中期目标：在研究生阶段增设"涉外仲裁"研究方向，吸引更多学生以"涉外仲裁"为主题参与相关课题研究与论文撰写，开展"订单式"联合培养； 中期目标：组建上海版的涉外仲裁人才培养专家委员会、涉外仲裁人才培养基地与涉外仲裁高端人才库，对上海涉外仲裁人才进行分类管理

类别	1 级指标	2 级指标	3 级指标	阶段性目标
涉外仲裁服务	互联网技术的应用，仲裁程序的精简	互联网技术的应用		短期：全面推广互联网仲裁服务平台的线上线下仲裁业务办理和案件管理系统功能； 中期：利用区块链技术完成电子证据的采集与保存，通过区块链节点之间的信息传输完成立案申请、在线开庭、领取裁决书与申请执行等诸多重要环节
		仲裁程序的简化		短期：要求当事人和仲裁庭均有义务促进仲裁程序快捷进行，赋予仲裁员广泛的案件管理权，采取强制措施对于拖延庭审程序的当事人或律师进行制裁； 中期：加强对于仲裁员的绩效考核，将仲裁员审理案件平均的期限纳入考核范围之中
	仲裁条款与仲裁规则的更新	临时仲裁的落地		短期：推动更多仲裁机构在仲裁规则之中引入临时仲裁制度或专设仲裁庭仲裁制度，创设临时仲裁裁决书转化机制； 中期：将自贸区或新片区开展临时仲裁先行先试的实践经验向全市范围内复制推广； 长期：加强临时仲裁员资质与临时仲裁文书真实性与合法性的监管，引入仲裁僵局介入制度
		临时措施的推广		短期：推动更多仲裁机构在仲裁规则之中引入临时措施条款
		合并仲裁与友好仲裁的出台		短期：推动更多仲裁机构在仲裁规则之中引入合并仲裁与友好仲裁条款； 中期：推动《仲裁法》在修改进程中引入合并仲裁与友好仲裁制度

续表

类别	1级指标	2级指标	3级指标	阶段性目标
		仲裁裁决公正性与可预见性		长期：构建仲裁员信息披露制度与有限的仲裁裁决公开制度，在征得双方当事人同意的情况下，在部分仲裁裁决进行安全加密与必要的删减之后进行公开
		仲裁费用第三方资助		短期：推广部分仲裁机构关于在线仲裁费用减免、退还与缓交的规定；中期：推动更多仲裁机构的仲裁规则之中引入第三方资助机制
	政府扶持、制度支撑与司法保障	新片区境外仲裁的落地	财政激励	短期：完善境内外知名商事海事仲裁机构在新片区设立业务机构的落户支持办法，出台雇佣外籍法律专家担任仲裁员的奖励政策
			制度支撑	中期：将新片区仲裁机构的业务范围扩展至与新片区有实际牵连关系的外商投资机构的相关司法争议；将新片区内境外机构作出的仲裁视同为"境外仲裁"，但裁决的执行环节宜参照仲裁地标准，视同为"境内仲裁"
		司法保障		短期：加强法院网上办案系统与仲裁机构网络仲裁办案平台的数据对接；上海各级法院对涉外仲裁的审查，以程序性审查为主，充分尊重实体裁决
		营商环境的优化		短期：通过官网以及各种线上、线下渠道，发布年度报告，以中英文两种语言对我国仲裁机构的历史渊源、行业现状与未来发展作出宣传与介绍；

类别	1级指标	2级指标	3级指标	阶段性目标
				中期：充分利用现有临港新片区法律服务中心的"一站式"纠纷解决机制与功能，保持与境外仲裁机构或者国内其他自贸区仲裁机构定期交流

表7　上海涉外调解服务发展指标体系与阶段目标

类别	1级指标	2级指标	3级指标	阶段性目标
涉外调解服务	行业调解、仲裁调解与法院调解的衔接	行业调解发展	商事纠纷先行调解机制构建	短期：在所有法院商事庭推广纠纷先行调解机制
			商业化调解公司的创建	长期：对于部分调解机构开展公司化改革，实现公益性调解与营利性调解的并存局面
			律师调解的扶持	中期：开展律师调解工作室的创新试点，通过政府采购服务、承包合同等形式吸引更多律师的参加调解
		仲裁调解发展		短期：推动更多仲裁机构在仲裁规则中引入仲裁前调解与调解员调解条款
		法院调解发展		短期：将涉外商事仲裁纳入委派调解与先行调解的范畴中；

类别	1级指标	2级指标	3级指标	阶段性目标
				中期：颁布法院调解实务的指引，鼓励各方在诉讼的任何阶段进行调解；推动细化"保密原则"与"无损害原则"在司法实践中的落地
	"诉调仲"多元化纠纷解决平台的建立	"一站式"商事纠纷多元化解决平台的构建		短期：创设转介调解机制，在各法院内部设立联合调解专线办事处
		境内外调解机构入驻与外籍调解员执业	财政激励	短期：完善新片区关于吸引境内外调解机构入驻的相关政策优惠，对于在新片区设立总部的境内法律组织雇佣境外调解人员予以专项奖励
			制度支撑	长期：探索建立外籍调解员在自贸区或临港新片区统一执业资格认定制度，基于"对等原则"相互承认国外调解人员的任职资质与执业标准
	涉外商事调解立法的制定	国际调解协议的普惠执行		中期：考虑在自贸区或新片区范围内暂时调整或停止适用《仲裁法》或《民事诉讼法》中的部分规定，制定上海市地方商事调解条例，对于所有国际调解协议均予以承认并直接执行；重视对于国际调解协议的司法监督，将"虚假调解"纳入执行国际调解协议的公共政策审查范围； 长期：推动全国人大尽快批准加入《新加坡调解公约》

类别	1级指标	2级指标	3级指标	阶段性目标
		国际调解协议当事人的意思自治		中期：当事人完全按照自己的意愿自由协商决定调解规范、调解机构、调解地点、调解员、调解时间和调解事项等其他内容；法院加强国际商事调解执行审查
		国际商事调解员遵循善良原则		中期：要求调解员应以公平、公正和客观为原则，以中立的姿态公正地协助争议方进行调解；推动个人调解员制度落地
		非诉调解的引入		长期：在自贸区或新片区范围内暂时停止民事诉讼法的适用，引入"非诉调解"，先行将调解程序引入涉外商事纠纷，在案件未进入司法程序之前就达成调解协议
	海事调解制度的完善	专项机制的确立		短期：促使法院与调解机构间建立"诉调对接机制"，在法院内设置"诉调对接"调解委员会。对一些权利义务关系明确、争议较小、法律事实清楚的或当事人有一方在境外的案件，经法官建议或当事人申请，通过网络平台进行调解
		判决结果的预测		短期：调解人将利用其自身经验，帮助双方当事人对判决结果形成初步的预期，协助当事人对判决结果进行中立评估与事前预测
		矛盾激化的预防		短期：重点在货损、碰撞、救助与油污等海商海事案件中引入"调解前置"程序

续表

类别	1级指标	2级指标	3级指标	阶段性目标
	调解组织与调解员的监管			短期：建立市级的调解组织与调解员名册，制定相应的调解组织与调解员管理办法； 长期：成立上海国际商事调解协会，制定国际商事调解的职业化标准，出台个人调解员行为准则、资格认证与考核办法

表8　上海涉外商事诉讼发展指标体系与阶段目标

类别	1级指标	2级指标	3级指标	阶段性目标
涉外商事诉讼	商事诉讼可预见性与类案管理	发现途径和上报流程的建立		短期：及时发现法律适用不统一的问题并上报，各法院审委会在指导审判工作、讨论案件中关注法律适用不统一的问题
		统一涉外商事法律适用平台及其数据库的构建		中期：以东方域外法律查明中心与最高人民法院的裁判资源为数据依托，打造集法律、司法解释和案例检索、应用、研究于一体的平台
		涉外商事纠纷案例指导制度的完善		短期：将提交至合议庭评议或专家法官会议讨论的案件形成参考类案与法律适用标准，法院在对案由、案件实施、法律适用与争议焦点进行总结之后定期发布指导性案例

类别	1 级指标	2 级指标	3 级指标	阶段性目标
涉外商事诉讼	商事诉讼可预见性与类案管理	普法宣传及司法公开的加强		短期：以典型案例、裁判原则、裁判方法和裁判流程的形式向公众公开展现，加强宣传与引导海外投资企业充分利用现有的法律救济渠道； 中期：建立海外投资贸易咨询、指导与服务机构，对"一带一路"各国的业态基础与营商环境进行总体评估，颁布相应的风险评估报告与投资贸易国别指导目录，或者设立"一带一路"法律法规大数据库
	国际商事判决的相互承认与执行			中期：推动国际商事判决相互承认与执行从"事实互惠"走向"推定互惠"； 长期：推动司法部与"一带一路"国司法行政部门加强司法合作，签订区域间判决承认与执行的多边协定，或者推动全国人大尽早批准《选择法院协议公约》和《判决执行公约》，又或者允许将我国际商事法庭的判决转化为仲裁裁决
	国际商事法庭的设立	管辖权的扩大		中期：赋予法官对于案件管辖权的自由裁量权或对于涉外因素"国际性"与"商事性"作出宽松化的认定，以当事人的书面管辖协议为基础，受理无中国元素与连接点的案件；建立重大涉外案件管辖报核制度，由高院统一掌控尺度； 远期：推动司法部与"一带一路"

上海打造国际法律服务中心路径研究

续表

类别	1级指标	2级指标	3级指标	阶段性目标
涉外商事诉讼				国家签订涉及管辖权的司法合作协定，明确扩张司法管辖权所能够涵盖的域外对象，以及国际礼让与不方便管辖的具体情形
		法律适用的延伸		中期：确立域外法查明"充分努力原则"，建立域外法查明专家出庭，以及外籍陪审员、调解员与法律专家陪审制度，选任具有丰富司法实践经验与普通法教育背景的法官； 长期：允许注册外籍律师出席；鼓励相关企业、协会、商会推出既能与国际接轨，又能适应中国法、中国诉讼或仲裁的涉外商事示范合同与标准格式合同
		审理程序的优化		中期：按照中级人民法院的规格设置，集中管辖上海市辖区之内应由中级人民法院受理的涉外、涉港澳台商事案件，在是否提起上诉的选择上遵循当事人意思自治
	智慧法院的建设	远程庭审的推广		短期：在所有商事庭推广应用网上办案与线上庭审平台
		数字商务法庭的设立		长期：设立数字商务法庭，专门处理与当前新兴技术相关的法律争端，涵盖大数据、区块链技术、人工智能、无人机、3D打印、机器人与智能合约等领域

类别	1 级指标	2 级指标	3 级指标	阶段性目标
涉外商事诉讼		与涉外公证业务的衔接		中期：使用网络视频开展在线公证，对于部分公证类业务，打破公证法和公证程序规则规定的必须当面签署的要求； 长期：将区块链技术应用于涉外公证领域，有效确认公证委托书的真实性
		与司法鉴定业务的对接		长期：将区块链技术应用于涉外鉴定领域，避免重复申请鉴定